# AI와 스마트팜

AI문고

인공지능 시대입니다. 기계가 인간의 인지를 대신하고, 사물이 인간을 통하지 않고 다른 사물과 직접 커뮤니케이션합니다. 이에 따른 인간 삶과 문명 변화를 정확히 이해 · 예측 · 대응하는 것은 이 시대 우리 모두의 과제입니다. AI문고는 인공지능 기술과 환경의 여러 주제를 10가지 키워드로 정리합니다. 관련 개념과 이론, 학계와 산업계의 쟁점, 우리 일상의 변화를 다룹니다. 인간과 기술의 현재, 미래를 세심히 분석합니다.

일러두기

- 인명, 작품명, 저서명, 개념어 등은 한글과 함께 괄호 안에 해당 국가의 원어를 병기했습니다.
- 외래어 표기는 현행 어문규정의 외래어표기법을 따랐습니다. 다만 딥러닝 등은 관행을 따랐습니다.

처음이세요?

전문가세요?

# AI와 스마트팜

이상연

대한민국, 서울, 커뮤니케이션북스, 2025

AI와 스마트팜

지은이 이상연
펴낸이 박영률

초판 1쇄 펴낸날 2025년 5월 9일

커뮤니케이션북스(주)
출판 등록 2007년 8월 17일 제313-2007-000166호
02880 서울시 성북구 성북로 5-11
전화(02) 7474 001, 팩스(02) 736 5047
commbooks@commbooks.com
www.commbooks.com



ISBN 979-11-430-0003-3 03500

책값은 뒤표지에 표시되어 있습니다.

# 차례

## AI로 인한 농축수산업 패러다임의 변화

통! 통!

여름이 되면 맛있는 수박을 고르기 위해 애꿎은 수박을 두드려 보게 된다. 고작 여름 한철 먹을 수 있는 과일인 데다 가격도 만만치 않고, 잘못 골랐다가는 밍밍한 맛밖에 느껴지지 않기 때문에 더욱 신중해야 한다. 두드렸을 때 소리가 맑아야 한다거나, 검은 줄무늬가 좁아야 한다거나, 꼭지 부분이 작아야 한다거나. 많은 선별 방법이 있지만 이제는 이런 경험적이고 주관적인 방법들이 필요 없어질 때가 오고 있다.

2024년 여름, 마트에서는 AI가 당도를 선별해 준 수박으로 '실패율 제로'에 도전한다는 캠페인을 진행했다. "사람은 못 보는 수박의 속맛, AI로 미리 보고 실패 제로 도전"이라는 홍보 문구 아래 진행된 이 캠페인은 이제 수박을 구매할 때 운에 맡기거나 무작정 두드려 보지 않아도 된다는 점을 강조한다. 이렇게 마트에서 'AI가 당도 선별한 과일'을 전면에 내세우는 이유는 무엇일까. 소비자들이 감으로만 찾았던 수박의 맑은 소리보다도 AI가

각종 데이터를 분석함으로써 얻어 낸 결과가 더욱 믿음직스럽다고 생각하기 때문이다. 해당 마트는 수박뿐만 아니라 멜론, 복숭아, 참외 등 여러 가지 AI 당도 선별 과일을 판매했고, 2024년 AI 선별 과일의 매출은 100억 원을 돌파했다. 그리고 과일 품목에 대한 고객 불만 접수가 30% 감소했다고 한다.

이는 우리가 먹고사는 일상의 영역에까지 폭넓게 AI가 활용되고 있다는 것을 보여 주는 동시에, 각종 먹을거리를 고르는 기준이 주관적이고 경험적인 판단에서 데이터 분석을 통한 객관적인 수치로 향하고 있는 것을 보여 준다. 그렇다면 AI는 어떻게 맛보지도 않고 맛있는 수박을 선별할 수 있었을까?

## 데이터 기반 농업으로의 전환

AI는 수치로 확인할 수 있는 데이터를 분석함으로써 수박을 선별한다. 크기, 모양, 숙성도와 같은 기본적인 데이터에서부터 육안으로는 확인하기 힘든 과일의 상처까지 찾아낸다. 기존에 활용되었던 비파괴 당도 선별기에 딥러닝 기반의 AI를 접목하여 선별의 정확도를 높이는 것이다.

비파괴 당도 선별기가 중량과 당도를 측정하면 선별

사가 눈으로 직접 색상과 모양을 확인해야 했던 기존의 방식과 달리, AI 선별기는 초고속 카메라로 단면 사진을 찍어 정상과와 결점과를 구분한다. 과일의 단면에 대한 데이터가 쌓이면 쌓일수록 그 데이터를 AI가 학습하게 되고, 이렇게 축적된 내용을 바탕으로 선별하게 되니 과일 선별 정확도는 높아지게 된다.

농산물을 선별하는 것뿐만 아니라 생산 단계에서도 AI는 폭넓게 활용되고 있다. 지금까지의 농사는 농민들이 각자 가지고 있는 노하우에 따라 작물을 키우고 생산하는 방식으로 이루어졌다. 이는 농민들이 수년간 경험하여 체득한 판단의 결과다. 이제 AI를 활용하면 작물의 생육에 영향을 주는 여러 가지 조건들을 분석하여 더욱 효과적으로 작물을 키울 수 있다. 온도, 습도, 이산화탄소 등 작물 주변의 기본 환경에서부터 토양이 가진 양분, 빛 환경까지 그 조건은 다양하다.

예를 들어 작물이 공기 중의 이산화탄소를 이용해 광합성 할 때, 온실 내부의 이산화탄소 농도가 낮으면 광합성이 원활하게 이루어지지 않는다. 이러한 상황이 지속된다면 작물의 생장이 저해되어 만족스러운 수확을 할 수 없다. 이를 해결하기 위해서 먼저 온실 내부에 이산화탄소 측정 센서를 설치해 이산화탄소 농도를 지속적으로 측정한다. 온실 내부의 이산화탄소 농도에 대한 방대한 데이터가 축적되고 나면 AI 기술을 활용하여 이를 자동으로 조절하도록 설정할 수 있다. 이산화탄소 농도가 낮아지면 자동으로 이산화탄소를 유입하는 방식으로, 노동력과 시간을 절감하여 생산 효율을 높이는 것이다.

이렇듯 방대한 양의 데이터를 축적한 뒤 이를 학습·분석할 수 있게 하는 센싱 기술이 발전함으로써 농축수산업의 형태는 점차 변화하고 있다. 경험 기반의 작업 방식에서 수치에 기반한 데이터 중심의 방식으로 그 전환점을 맞이하고 있는 것이다.

## AI로 인한 농축수산업 기술의 변화

농축수산업에 활용할 수 있는 여러 가지 기술이 개발되더라도 이를 곧장 현장에 적용하기란 쉬운 일이 아니다. 농사의 흥망이 농민들의 생계와 직결되기 때문에 누군가의 조언이나 새로운 기술을 쉽게 받아들일 수 없는 것이다. 농민들은 새로운 기술을 받아들여 실패하는 것보다 다년간 쌓아 온 경험에 기반하여 농사를 짓는 것을 선호한다. 섣불리 새로운 기술을 도입했다가 발생할 수 있는 손해를 감수하기란 어려운 일이기 때문에 기술 수용에 보수적인 경향이 있다.

농축수산업에 새로운 기술을 도입하기 어려운 또 다른 이유는 그 대상이 살아 있는 생명체라는 점이다. 사람들의 얼굴이 모두 다르게 생겼듯이 작물, 가축, 어류도 개체별로 특징이 다 다르고, 정확하게 같은 환경을 조성해 주더라도 어느 정도 차이가 발생하게 된다. 이러한 생명체가 지닌 불확실성으로 인해 농축수산업 기술에 대한 일반화가 어렵다. 이를테면 지역에 따라 평균 기온, 강수량, 일조량 등의 조건이 다르므로, 같은 작물을 재배한다고 할지라도 재배 시기, 관수량, 파종 시기가 모두 다르고 작물의 맛 역시 달라진다.

하지만 이제까지의 기술과 달리 AI를 활용한 기술은 오히려 불확실한 요인들을 해소하고 농가 운영에 경제적이고 편리한 방식을 제공할 수 있다. 특히 사람의 인지로 판단하기 어려웠던 요인들에 대해 데이터를 기반으로 하여 자료를 수집하고 분석했을 때 더욱 빠르고 정확하게 대처할 수 있다. 나아가 AI 기술을 활용한다면 재배 지역, 품종, 파종 시기 등 이미 정해진 요인뿐만 아니라 기후 변화, 관수량, 일조량 등 실시간으로 변화되는 요인까지 고려하여 최적의 생산 환경을 조성하는 것이 가능하다. 경험적으로는 대응하기 어려웠던 요인들에 대처함으로써 품질 좋은 농산물을 더 많이 수확할 수 있는 환경을 만들 수 있다.

여기에 토마토를 재배하는 온실이 있다. 농부는 온실의 환기창을 언제 열고 언제 닫을지, 양액의 비율을 어떻게 조성해 언제 공급하는 것이 좋을지, 냉난방기는 어떤 강도로 얼마나 조성해야 하는지 등 수없이 많은 환경 요인을 판단하고 수행해야 한다. 이는 대체로 농부의 경험에 의존한 판단이었다. 하지만 AI 기술을 통해서 농민이 판단하기 어려웠던 요소들까지 제어가 가능해지고, 나아가 어떻게 조절하면 좋은지 판단은 가능했으나 세세하게 조절하기는 어려웠던 요인들까지도 제어가 가능해진다. 심지어 이것들을 자동으로 제어할 수 있다. 결과적으로 AI를 활용하여 생물의 생육 환경을 적절히 조성함으로써 농가의 수익 개선에 큰 효과를 볼 수 있을 것이다.

특히 농축수산업은 일반 제조업과 달리 살아 있는 생명체를 대상으로 하므로 환경에 따른 불확실성이 가장 큰 변수인 영역이다. 하지만 AI는 사람이 판단하기 어려운 환경적인 요인들을 수치화하고 분석할 수 있다. 기존에는 정확한 기준 없이 사람의 경험에 의존해 제어했지만, AI를 활용하면 정확한 값을 도출하여 그에 따라 환경적인 변수를 통제할 수 있다. 이로 인해 정확한 기준 없이 제어할 때 느꼈던 불확실성, 적절한 환경을 만들어 주고 있는지에 대한 의구심이 해소될 수 있다. 이렇게 AI 기술을 적용함으로써 불확실한 요인들을 통제한다면, 농축수산업 전반에 경제적인 효과가 클 것으로 예상된다.

## 새로운 기술 적용의 현실

빠른 속도로 발전하는 AI 기술을 농축수산업의 각 분야에 적용하려면 어떤 어려움과 특징들이 있을까? 우리가 흔히 최첨단 농업 기술이라고 하면 머릿속에 쉽게 떠올리는 것이 바로 스마트팜이다. 스마트팜이란 정보 통신 기술을 활용해 원격으로 '시간과 공간의 제약 없이' 자동으로 작물의 생육 환경을 관측하고 관리하는 농업 방식을 말한다.

농림축산식품부는 스마트팜의 개발 단계를 총 3세대로 나누어 정의하고 있다. 1세대는 원격 제어 단계, 2세대는 데이터를 기반으로 하여 정밀한 생육 관리가 가능한 단계, 3세대는 인공지능·무인 자동화 단계를 의미한다. 현재 우리나라의 스마트팜은 원격 제어와 더불어 데이터 기반의 정밀 생육 관리가 가능한 2세대에 도달해 있다고 평가되고 있다. 그러나 이 역시도 스마트 온실과 같은 작물 생산 시설에 국한되고, 스마트 축사나 스마트 양식장은 1세대 수준에 머무르는 실정이다. 특히나 우리나라의 어업 양식장은 온실이나 축사보다도 스마트화가 늦은 편이다. 스마트화가 온실에 이어 축사, 양식장의 순서로 이루어지고 있는 이유는 각각의 생물이 지닌 고유한 특성 때문이라고 할 수 있다.

먼저 온실에서 재배되는 농작물은 토양, 온도, 습도 광량과 같은 외부 환경 조건에 수동적으로 영향을 받는다. 그리고 움직임이 없으므로 환경 변화에 대한 반응이 천천히 나타난다. 농민은 작물이 최적으로 성장할 수 있는 환경을 조성하고, 이를 유지하는 데 집중하면 된다. 필요한 조건들이 충족되고 나면 비교적 안정적인 생산이 가능해진다.

다음으로 축사에서 길러지는 가축들은 움직임이 있고 주변 환경의 변화에 즉각적으로 반응한다는 특징이 있다. 사료, 축사의 환기, 날씨, 질병 등 여러 가지 요소에 민감한 반응을 보이므로 관리자가 신속하게 대응해야 한다. 하지만 가축의 즉각적인 반응을 고려하여 실시간으로 생육 환경을 조절해 주는 것은 어려운 일이다. 또한 가축을 사육하는 과정에서 필연적으로 발생하는 분뇨, 악취에 대한 처리 및 관리는 쉽지 않은 문제다. 사육의 규모가 커지면 커질수록 이에 대한 부담 역시 커지게 된다.

마지막으로 어류는 수질 환경에 굉장히 민감하며 농

작물이나 가축보다 훨씬 더 다양한 품종이 존재한다. 그러므로 제각기 다른 생태적인 특성에 따라 생육 환경을 조절해야 한다는 점이 어렵다. 어류는 수온이 1~2℃만 변해도 민감하게 반응하며, 이에 따른 용존 산소 비율로 인해 수질도 바뀐다. 관리자가 수질 환경 조성에 실패하면 양식장의 집단 폐사가 일어나는 일도 비일비재하다. 이렇게 어류의 생육 환경을 인위적으로 조성하여 어류를 양식하는 것은 어려운 일이다. 이러한 이유로 농작물이나 가축과 달리 많은 양의 수산물은 양식이 아니라 여전히 채집과 수렵을 통해서 주로 공급되고 있다.

살아 있는 생명체를 대상으로 하기 때문에 AI 기술을 곧장 적용하기 힘들다는 한계점과 별개로, 오히려 이를 가장 적극적으로 활용해야 하는 분야가 바로 농축수산업이다. AI 기술을 적용함으로써 정확한 데이터에 기반한 생육 환경 관리가 가능해지고, 작물과 동물이 잘 자라며 질병에 걸릴 확률이 낮아진다. 사람이 미처 통제할 수 없었던 영역에 대해 자동화가 가능해지면 노동력을 절감할 수 있고 이는 곧 경제적인 이익으로 이어진다. 이제는 AI 기술을 적극적으로 활용해 농축수산업의 효율성과 생산성, 지속 가능성을 제고할 수 있도록 도모해야 할 시점이다.

## 이 책의 구성

이 책은 농축수산업에 종사하고 있는 사람에서부터 이 분야의 전공자 혹은 베란다에 작은 텃밭을 꾸리고 있는 사람까지, 앞으로 어떻게 하면 우리가 먹는 작물을 더 효율적으로 가꿔 나갈 수 있을지를 쉽게 이해하고 함께 고민할 수 있도록 쓰였다. '최첨단'이라는 말이 가장 어울리지 않을 것 같은 농어촌이 이제는 AI로 인한 수많은 변화를 받아들이고 그 기술들을 적극적으로 적용해야 하는 상황에 놓였다. 이 책에서는 이러한 변화가 어떻게 적용되고 어떤 효과를 불러일으키고 있는지를 구체적으로 알아보고자 한다.

1장부터 3장까지 AI와 농업, 축산업, 수산업을 다루며 각각의 산업이 지닌 특수성을 설명하고 그에 적합한 AI 기술이 어떻게 적용되고 발전하고 있는지를 살펴본다. 언뜻 비슷하게 느껴질 수도 있지만, 농업 · 축산업 · 수산업은 각각의 차이가 극명하고 당면한 과제 역시 모두 다르다. 따라서 그 특수성을 이해하는 동시에 상황에 맞춰 생산성과 효율성을 극대화하기 위한 AI 기술의 적용 방안을 모색한다.

4장 AI와 농업 데이터에서는 농축수산업 데이터 수집의 어려움과 중요성 그리고 극복 방안에 대해 다룬다. 5

장 AI와 질병 감지에서는 AI를 활용하여 농축수산업 현장에서 어떻게 작물과 동물의 질병을 감지하고 예방 조치를 할 수 있는지 설명한다. 6장 AI와 농업용 로봇, 7장 AI와 생산 최적화에서는 AI로 인해 농축수산업의 현장이 얼마나 효율적으로 변화했는지를 알 수 있다.

8장 AI와 기후 변화 대응, 9장 AI와 식량 안보에서는 우리가 왜 농축수산업의 스마트화에 전력으로 투자하고 계속해서 이 분야의 새로운 기술을 개발해야 하는지에 대해 말한다. 먹을 것이 너무나 풍족한 세상이 되었지만 여전히 굶어 죽는 사람이 있고, 머나먼 나라에서 일어난 사건이 오늘 저녁 우리 집 식탁 사정을 흔들어 놓는다. 식량이 무기가 되기도 하는 상황에서 우리는 어떻게 대응할 수 있을지 생각해야 한다.

마지막 10장 AI와 우주 농업은 기후 변화와 식량 안보를 넘어 다음 단계의 먹을거리에 대한 고민이다. '우주'라는 키워드가 막연하고 뜬금없게 느껴질 수 있다. 하지만 지금까지 살아온 환경과 전혀 다른 극한의 환경 속에서도 인간은 먹어야 살 수 있기에, 앞으로 닥칠 변화에 대비해 대처 방안을 찾아내야 한다. 그 첫걸음이 바로 우주 농업이 될 것이다.

인류의 탄생과 함께 시작된 유구한 역사를 지닌 산업

이 AI라는 기술 혁신을 맞으면서 어떻게 변화하고 있는지, 그 변화가 어떤 영향력을 가지게 될지 이 책을 통해 고민할 수 있는 계기가 되었으면 한다. 나아가 AI라는 새로운 도구를 사용하여 어떻게 농축수산업에서의 경쟁력을 선점할 수 있을지도 함께 생각해 볼 수 있기를 바란다.

### 참고문헌


농림축산식품부. 스마트팜.
https://www.mafra.go.kr/home/5280/subview.do

성혜미(2025.1.8). 롯데마트 "AI 선별 과일 작년매출 100억원 돌파"…내일농장 가동. 연합뉴스,
https://www.yna.co.kr/view/AKR20250107127700030?input=1195m

최유빈(2024.5.23). 롯데마트·슈퍼 "AI가 당도 선별한 수박으로 실패율 제로 도전". MTN뉴스,
https://news.mtn.co.kr/news-detail/2024052309475443958

함규원(2024.7.24). AI 과일선별, 장점은 '빠른 품위 파악'…보편화 여부는 '미지수'. ≪농민신문≫,
https://www.nongmin.com/article/20240722500706

## 01
# AI와 농업

막연히 '농사'라는 단어를 떠올렸을 때 여러분의 머릿속에 생각나는 이미지는 무엇인가? 바지를 걷어 올리고 논에서 모내기하는 모습, 밭에서 열심히 잡초를 골라내며 쟁기질하는 모습 혹은 온실에서 조명을 쐬며 자라고 있는 열대 과일의 모습일 수도 있다. 세대에 따라, 관심도에 따라 농사에 대해 가지고 있는 생각도 다 다를 수 있지만, 모두 농업의 현재를 말해 주고 있는 것들이다.

AI와 1인 창업?

## AI와 스마트 농업

농촌진흥청에서 운영하는 농사로 농업용어사전에서는 농업을 '땅을 이용하여 유용한 식물을 재배하거나 유용한 동물을 먹이는 유기적 생산업'이라고 정의하고 있다. 이에 따르면 상업적인 목적으로 대규모 땅에서 경작하는 것뿐만 아니라 개인이 소규모로 경작하는 것도 농업의 일종이라고 할 수 있다. 자그마한 마을의 텃밭도, 지하철 내에 설치된 스마트팜인 '메트로팜'도 모두 농업 활동에 해당하는 것이다. 심지어 메트로팜은 수확한 작물로 수제 샐러드를 만들어 지하철 내 자판기에서 판매까지 하고 있으니, 크든 작든 스마트팜으로 인해 농촌에 국한되었던 농업 활동의 영역이 도시로까지 확장된 것이 사실이다.

LG에서 출시한 '틔운'은 일상생활 속에 파고든 농업 활동의 상징적인 제품 중 하나다. '다채로운 감성이 자라나는 즐거운 반려 식물 생활'이라는 문구로 홍보 중인 이 기계는 빛과 공기, 물 등 식물이 자랄 수 있는 환경을 자동으로 제어해 주는 일종의 가정용 스마트팜이다. 물통에 물과 영양제를 채우기만 하면 자동으로 식물에게 공급해 주고, 공기 순환 시스템으로 맑은 바람을 쐬어 준다. 또 스마트폰 앱과 연동하여 식물의 종류에 따라 성장 환경을 설정하면 식물이 목이 마를 때, 영양이 필요할 때, 솎아 내기와 수확 시기까지 알아서 알려 준다.

틔운이라는 기계 안에서 식물이 관리되고 성장하는 것처럼, AI 기술을 활용하기 위해서는 시설이나 설비 내에서 농사가 이루어진다고 생각하기 마련이다. 하지만 현재 농업에서 적용되는 AI 기술은 이러한 영역에 국한되지 않는다. 온실에서 작물을 기르는 '시설 농업' 이외에, 자연환경에서 재배하는 '노지 농업'에서도 다양한 방식으로 AI 기술이 활용되고 있다. 이른바 '노지 농업의 스마트화'가 이미 진행되고 있는 것이다. 그렇다면 시설 농업과 노지 농업에서 AI 기술이 각각 어떻게 활용되고 있을까.

시설 농업에서는 특정 작물을 위해 설비가 갖추어진 상태에서 생육이 이루어지는 만큼 환경 요인들을 정밀하게 조절할 수 있다. 유리온실에서 과일을 재배할 때 온도, 이산화탄소 농도, 인공조명 등 여러 가지 환경 변수를 조절하면 노지에서 재배할 때보다 더 품질 좋고 많은 양의 과일을 얻을 수 있다. 또 AI가 과거의 데이터를 분석해 병충해 발생 가능성을 예측하고, 이를 예방하도록 조치함으로써 피해를 최소화할 수도 있다. 이렇게 AI 기술을 활용하여 정밀한 환경 조절을 함으로써 작물의 생산성을 극대화한다. 특히 AI는 단편적인 작업 처리에 그치는 것이 아니라 수집한 데이터를 계속해서 학습하고 분석함으로써 시설 농업의 정밀성과 생산성을 더욱 강화한다. 작물의 성장 주기를 분석 · 학습한 뒤 필요한 요인들을 예측하여 그에 맞는 영양 공급 및 빛 조절 등을 해 줄 수 있다.

노지 농업에서는 AI 기술이 어떻게 활용되고 있을까. 농사로 농업용어사전에는 '노지'를 지붕이 안 덮여 있는 땅, 바깥 자연조건을 말한다고 정의한다. 자연환경 그 자체에서 작물을 재배하는 형태로, 날씨와 같은 외부 요인에 크게 영향을 받는다. 최근에는 AI 기술을 활용하여 노지 농업의 어려움을 해소하고 있다. 자율주행 트랙터를 이용해 땅 고르기, 드론을 이용한 농약 살포, 잡초를 인식하여 자동으로 제초하는 기술 등으로 농사의 효율성을 높인다. AI는 위성 데이터를 활용해 토양의 상태를 분석하고, 비료와 물의 공급량을 최적화하는 데에도 사용되고 있다.

농경지 주변의 환경 데이터를 AI가 실시간으로 모니터링하고 이를 기반으로 작물의 상태를 예측하는 방식도 있다. 드론과 AI를 결합하여 작물의 질병 상태를 조기에 발견하고, 맞춤형 방제를 통해서 작물의 피해를 최소화한다. 이렇게 노지 농업에 AI 기술을 활용함으로써 예측하기 어려웠던 환경적 요인들을 예측할 수 있고, 생산성을 높이는 동시에 농업의 지속 가능성을 높이는 데 기여하고 있다.

## AI 기반 농업의 발전

과연 AI 기술을 활용해서 농사를 짓는 게 더 좋을까 하는 막연한 의문이 들 수 있다. 그러한 기술들이 없더라도 농업은 아주 긴 시간 이루어져 온 일차 산업이니 말이다. 오랜 경험으로 축적된 노련함으로 더 맛있고 싱싱한 작물을 수확할 수 있지 않을까? 이에 의문을 품은 네덜란드 바헤닝언대학교에서는 '세계인공지능농업대회'를 개최하여 기존 방식을 따르는 농부와 AI 팀이 작물 키우기 경쟁을 벌이도록 했다.

다섯 개의 AI 팀 온실과 한 개의 수동 제어 방식, 즉 인간이 운영하는 온실에서 각자 6개월 동안 방울토마토를 키웠다. AI 팀은 AI와 원예 전공의 전문가, 과학자, 학생으로 구성되어 있고 각자 팀만의 알고리즘을 개발하여 온실 환경을 제어했다. 센서 데이터를 사용하여 온도, 습도, 빛, 환기, 이산화탄소, 영양분 공급 등의 설정값을 결정했고 자원 사용 효율성을 최대화했다. 2019년 10월에 씨앗을 심고 12월에 온실로 옮겨 심었으며 2020년 5월에 마지막 수확을 한 결과, 최종 우승은 AI 팀이 거머쥐게 되었다.

AI 우승 팀의 단위 면적당 순이익은 6.86€/㎡였고, 인간이 수동 제어한 온실은 3.1€/㎡였다. 이는 무려 2.2배의 차이가 나는 결과다. 심지어 총 여섯 개의 온실 중 1위에서 5위까지 모두 AI 팀이 차지했고, 수동 제어 방식은 6위에 그치는 결과를 보였다. 어떤 알고리즘을 활용하든 AI 팀의 온실이 인간이 운영하는 온실보다 성과가 좋았다. 이렇게 AI 기술을 어떻게 활용하느냐에 따라 농업의 생산성은 명확히 증가하며, 꾸준히 발전하고 있는 AI 농업 기술은 이미 우리가 생각하는 것 이상의 성과를 보여주고 있다.

이제 AI는 기존의 기술을 기반으로 하여 더욱 세밀하고 구체적인 농업 환경 조절을 위해 도약하고 있다. 시설농업에서 작물의 생육 환경과 빛 조절, 영양분 공급, 이산화탄소와 비료 시비를 최적화하는 데 그치지 않고 작업자의 편의와 건강까지도 고려하는 기술이 개발되고 있다. 이뿐만 아니라 온실 내부에서도 다시 구역을 나누어 작물들을 각각 관리할 수도 있다. 대형 온실의 경우에는 규모가 큰 만큼 구역별로 환경의 편차가 생기기 마련이다. 이를 고려하여 AI가 각 구역의 환경 데이터를 분석하고 구역마다 조건을 다르게 설정함으로써 동일 면적에서 더 높은 수확량을 기록할 수 있다. 이렇게 발전된 AI 농업 기술은 생산성을 높이는 동시에 작업 환경을 개선하고 있다.

또 AI를 기반으로 한 시설 농업은 에너지 효율성 측면에서도 뛰어난 성과를 보인다. 네덜란드 바헤닝언대학교의 연구에서는 온실의 오이를 수확하기 위해 AI를 이용함으로써 에너지 비용을 22% 절감하고 수익을 17%나 증대시킬 수 있었다. 이는 농사에서 발생하는 온실가스를 줄이고 지속 가능한 농업으로 나아가는 데 중요한 역할을 한다.

노지 농업에서의 AI 기술 활용 역시 가속화되고 있다. 드론을 활용해 농약을 살포함으로써 비용을 절감하고 환경에 미치는 영향을 최소화하는 것은 이미 많이 알려져 있다. 나아가 미국의 농기계 기업 존 디어(John Deere)에서 개발한 자율주행 트랙터는 AI 기술을 활용하여 더욱 정밀한 작업이 가능하게 만들고 있다. 2022년 공개한 1세대 자율주행 트랙터는 가을갈이와 이랑 정리가 가능했고, 2025년의 2세대에 이르러서는 가을 및 봄갈이, 씨앗 심기 등 농장의 작업 전반에서 자율주행 트랙터를 활용할 수 있게 되었다. 더불어 과수원에서도 활용할 수 있는 자율주행 트랙터와 공원, 학교 등 대규모 녹지를 관리할 수 있는 상업용 전동 잔디깎이까지 자율주행으로 만들고자 하고 있다. 존 디어의 자율주행 트랙터는 스마트폰 앱을 통해 작업을 조작하고 실시간으로 모니터링할 수 있으며, 동물이나 장애물이 있으면 경고 알림을 보내 주는 등의 방식으로 농업 활동을 더욱 편리하고 정밀하게 만들어 주고 있다.

또 AI는 노지의 잡초를 영상으로 분석한 뒤 레이저를 발사해 제거하는 방식으로 제초 작업을 수행할 수 있다. 이 과정에서 기존에 쓰이던 화학 제초제의 사용을 줄일 수 있다는 점이 고무적이다. 이는 지속 가능한 농업으로의 전환을 촉진시켜 주는 사례라고 할 수 있다.

AI 기술은 노지 농업에서 가장 큰 화두인 날씨, 변수가 많은 환경 요인들에 대해서도 대응력을 강화할 수 있다. 위성 데이터를 분석하여 가뭄이나 홍수와 같은 기상 조건을 예측하고, 이를 기반으로 재배 전략을 조정하는 시스템이 개발되고 있다. 이를 통해 각종 자연재해로 인한 작물 피해를 줄일 수 있다.

또 농업에서 중요한 요소인 물 공급과 환경 관리에서도 AI 기술이 두각을 드러낸다. 물 공급량을 실시간으로 모니터링하여 필요에 따라 적정량의 물을 자동으로 공급하는 시스템이 개발되었는가 하면, 환경 데이터를 분석하여 작물 재배에 적합한 조건을 유지할 수 있게 설정할 수도 있다. AI 기반 물 관리 시스템을 활용하여 물 낭비를 줄이면서도 생산성을 유지할 수 있는 것이다.

이 외에 과수원에서 사과를 자동으로 수확하거나 품질을 분류하는 기술처럼 물리적 작업을 자동화하는 방식으로도 발전하고 있다. 이는 노동력을 절감하고 더 높은 품질의 농산물을 생산하는 데 도움을 준다. 결론적으로 농업에서의 AI 기술은 시설 농업과 노지 농업의 경계를 허물며, 환경과 자원의 효율적인 관리를 통해 농작물의 생산성을 극대화하고 있다. 또한 농사에 영향을 미치는 여러 가지 불확실성, 이를테면 날씨, 토양, 일조량 등 환경적 요소를 예측함으로써 안정적인 생산 기반을 마련하는 데 기여하고 있다. 앞으로 AI 기술은 농업 분야에서 더욱 중요한 역할을 하며, 지속 가능한 농업의 미래를 위해 계속해서 발전해 나갈 것이다.

### 참고문헌

농사로 농업용어사전. '노지농업'
https://www.nongsaro.go.kr/

LG 틔운 오브제컬렉션. https://www.lge.co.kr/lg-tiiun/l123g1p
Carbon Robotics. https://carbonrobotics.com/
Hemming, S., et al.(2019). Remote control of greenhouse vegetable production with artificial intelligence—Greenhouse climate, irrigation, and crop production. *Sensors*, 19(8), 1807.
Hemming, S.,et al.(2020). Cherry tomato production in intelligent greenhouses—Sensors and AI for control of climate, irrigation, crop yield, and quality. *Sensors*, 20(22), 6430.
JohnDeere. https://www.deere.com/

**02**

## AI와 축산업

축산업에서는 오로지 생산량이나 수익성만을 고려할 수 없다. 가축이 자라는 과정에서 발생하는 여러 가지 환경 문제, 무엇을 먹이고 어떤 공간에서 자라게 할지 동물 복지에 관한 문제 등 복합적인 과제를 안고 있는 산업이다. 육류 소비가 꾸준히 증가하는 상황에서 어떻게 해야 생산성을 유지하면서 축사의 환경을 개선하고 동물의 스트레스를 줄일 수 있을지, AI를 활용한 혁신적인 기술이 필요하다.

AI와 MBTI?

## 축산업의 특수성

'동물 복지 닭 가슴살', '자연 방목 소고기'.

식료품 쇼핑을 하다 보면 이제는 흔하게 볼 수 있는 문구들이다. 식재료에 불과하다 할지라도 해당 동물이 살아 있는 동안 무엇을 먹고 어떤 방식으로 자랐는지, 과도한 스트레스를 받거나 비위생적인 환경에서 자란 것은 아닌지 고려하는 것이다. 이처럼 축산업은 경제적인 성과를 유지해야 하는 동시에 환경적 · 사회적 책임을 고려해야 하는 복합적인 산업이다. 생산 현장에서 효율성을 추구해야 하면서도 지속 가능성을 끊임없이 고민해야 한다. 단순히 육류 생산에 그치지 않고 환경 문제, 동물 복지, 자원 관리 등 다양한 측면이 얽혀 있다.

먼저 축산업 현장의 환경 개선이 주요한 문제다. 축산업은 힘들고(Difficult) 더럽고(Dirty) 위험한(Dangerous) 환경을 지닌, 이른바 3D 직종으로 여겨진다. 축산업 현장은 동물들의 분뇨를 어떻게 처리할 것인지, 그 과정에서 악취 문제는 어떻게 해결해야 하는지, 질병에 걸리면 어떻게 관리해야 하는지 등 다양한 문제에 직면해 있다. 2010년 한국에서 발생한 대규모 구제역 사태는 전염병이 축산업에 어떤 영향을 미치는지를 여실히 보여 주었다. 또 분뇨 처리와 악취 문제는 지역 주민과 끊임없이 갈등을 유발하는 문제인 동시에 환경적으로도 해결해야 할 큰 도전 과제 중 하나다.

사료 사용 문제도 축산업에서 대두되는 문제다. 소 한 마리를 키우기 위해서는 대량의 곡물이 필요한데, 이는 세계적인 식량 부족 문제와 연결되어 있다. 이러한 문제의 대안으로 AI 적용을 통한 사료 배합 기술은 가축 사육에 필요한 곡물 사용량을 줄일 수 있다.

동물들의 사육 환경 역시 고려되어야 한다. 밀집 사육은 동물들의 스트레스를 증가시키며 질병 발생률을 높인다. 동물 복지에 대한 화두가 떠오르며 국립축산과학원에서 기상 예보 데이터와 연계하여 동물의 스트레스 지수를 실시간으로 제공하는 서비스를 도입하기도 했다. 축산업에서 대상으로 하는 축종은 농업이나 수산업에 비해 적은 편이기 때문에 소, 돼지, 닭, 오리 등 주요 축종별로 그 특성에 맞는 AI 관리 시스템을 개발할 수 있다.

여러 가지 문제점과 어려운 환경에도 불구하고 육류 소비는 전 세계적으로 꾸준히 증가하는 추세다. 특히 경제 성장과 인구 증가로 인해 개발도상국에서의 수요가 급격하게 늘어나고 있다. 따라서 축산업의 생산성을 높이면서도 여러 가지 복합적인 요인을 고려할 수 있는 기술적인 혁신이 필요하다. 생산성을 향상시키면서 지속 가능한 축산업이 되도록, 축산업의 특성을 고려한 혁신적인 기술이 요구되는 상황이다.

## AI 기반 축산업의 발전

AI 기술은 축산업에서 여러 가지 문제를 해결하며 효율성과 지속 가능성을 높이는 데 주요한 역할을 하고 있다. 우선 축사 내부 환경 관리를 효율적으로 운영할 수 있다. AI 시스템은 축사 내부의 온도와 습도, 환기 시스템을 실시간으로 모니터링하고 조절한다. 가축이 최적의 환경에서 사육될 수 있도록 축사 내부 환경을 자동으로 관리하는 것만으로도 질병 발생률을 줄일 수 있다.

나아가 가축의 행동 데이터를 분석함으로써 이상 징후를 조기에 감지하거나 번식률을 높일 수 있다. 젖소가 미끄러운 바닥에서 넘어져 다쳤을 때, 이를 즉시 확인하여 폐사율을 낮추고 치료비를 절감한다. 또 AI를 활용한 임신 예측 시스템을 도입해 젖소의 행동과 생리 데이터를 분석한다. 이를 통해 임신 시기를 정확하게 예측하고 번식 성공률을 높인다.

또 AI는 체온의 변화라든지 기침의 횟수와 같은 가축의 생리적 신호들과 축사의 환경 데이터를 분석하여 질병 발생 가능성을 예측하고, 이에 맞는 예방 조치를 추천해 준다. 돼지 구제역 확산을 막기 위해 한국전자통신연구원에서는 AI를 활용한 가축 방역 시스템인 '아디오스(ADIOS)'를 개발했다. 아디오스는 가축의 이상 징후를 모니터링하는 것과 구제역이 발생했을 경우 농장에 출입하는 차량과 사람을 관리하는 것, 이 두 가지 영역에서 AI를 활용한다.

아디오스의 원리는 다음과 같다. 첫 번째, 질병에 걸린 돼지는 정상 돼지에 비해 활동이 줄어들고 비정상적인 발성음이 증가하므로, AI가 돼지의 소리와 행동 변화를 분석해 이상 징후를 조기에 감지한다. 이때 구제역에 걸렸을 가능성이 높을 경우 아디오스는 곧바로 질병 진단을 의뢰하고 방역관을 파견해 감염 여부를 파악한다.

두 번째, 질병의 확산 방지를 위하여 감염병 발생 농가를 중심으로 출입 차량과 사람을 추적한다. 번호판, 차종, 사람의 경우 얼굴 등 출입자의 정보를 딥러닝 영상 인식을 기반으로 한 '축산 농장 출입 차량 관리 시스템'을 활용해 확인할 수 있다. 이를 통해 질병의 징후를 조기에 감지하고 확산을 방지함으로써 농가의 손실을 줄이고 더 큰 피해가 발생하지 않도록 예방할 수 있다. 이는 가축의 전염병 관리에서 AI의 효용성을 잘 보여 준다.

동물 복지 향상을 위해서도 AI 기술을 활용할 수 있

다. AI는 동물의 스트레스 수준을 실시간으로 관측하고 이를 해소하기 위한 적절한 환경을 조성해 준다. 간단하게는 축사 내부의 온습도 지수를 산정해서, 동물이 있는 공간 내 환경이 동물에게 얼마나 스트레스를 주는 환경인지 판단할 수 있다. 또는 동물의 침을 채취해 침에 포함된 스트레스 판정 인자인 코르티솔의 농도를 가지고 스트레스 지수를 측정할 수도 있다.

포천에 위치한 '가농 바이오'에서는 산란계장의 사육 환경과 사료 급여를 최적화하기 위해 스마트 시스템을 도입해 활용하고 있다. 이는 가축의 스트레스를 관리하는 데에도 효과적이다. 가농 바이오에서는 호흡기 질환에 취약한 닭의 건강을 위해 축사 내부의 온습도, 암모니아 수치를 실시간으로 탐지한다. 그리고 환기 시스템을 연계하여 사육 환경을 최적화해 준다.

스마트 장비를 도입하기 전과 후를 비교했을 때, 축사 내부 연평균 온도 차는 15°C에서 8°C로 줄어들었다. 이는 에너지를 효율적으로 관리할 수 있어 경제적인 동시에 닭의 사육 환경을 일정하게 유지하여 스트레스를 줄일 수 있게 해 준다. 실시간 환기 시스템을 이용해 암모니아 농도는 99.9%, 이산화탄소 농도는 80%를 줄일 수 있었다. 기존에는 닭이 스트레스를 받아 서로 쪼는 것을 방지하기 위해 부리를 절단했다면, 스마트 시스템을 도입한 후에는 스트레스 지수가 낮아 서로 쪼는 일이 없어졌다.

이렇게 축사 내부의 환경을 최적화하여 닭의 스트레스를 관리한 결과, 가농 바이오는 닭의 산란율을 높여 추가적인 소득을 얻을 수 있었다. 전국 평균 산란 지수인 310개 대비 약 12개가 많은 약 322개를 기록하여 3.9% 이상의 높은 생산성을 입증했다. 이는 AI 기술을 활용한 축사의 스마트화가 동물의 스트레스 관리를 비롯하여 생산성, 노동력 감소, 생산성 등의 측면에서 얼마나 높은 효용성을 지니고 있는지 잘 보여 주는 사례다.

축종에 적합한 맞춤형 관리도 AI의 중요한 역할 중 하나다. 이를테면 돼지와 닭은 사료의 효율성을 극대화하는 방식으로 사육한다거나, 젖소는 우유의 양과 품질 관리를 최적화하는 방향으로 관리하는 것이다. 이렇듯 AI는 축산업의 효율성을 높이고 환경 문제를 해결하는 동시에 동물의 생육 환경을 개선하기 위한 핵심적인 도구로 자리 잡고 있다. 축산업이 지닌 특수성을 이해하고 AI 기술을 적절히 활용한다면 복잡하게 얽힌 문제점들의 실마리를 풀어 나갈 수 있을 것이다.

## 참고문헌

농림축산검역본부. 국가가축방역통합시스템(KAHIS), https://home.kahis.go.kr/

농림축산식품부(2024.3.13). 스마트 축산, 현장에서 답을 찾다. https://www.mafra.go.kr/home/5109/subview.do

이하나(2021.10.15). "돼지 구제역 확산 막는다" ETRI, AI 가축 방역 시스템 아디오스 개발. AI TIMES, https://www.aitimes.com/news/articleView.html?idxno=141042

Kim, J. G., et al.(2023). Development and validation of an air recirculated ventilation system, part 1: Application of system in a pig farm and evaluation of pig productivity during winter. *Biosystems engineering*, 230, 106-130.

Ruane, J. & Restrepo, L.(2024). Proceedings of the FAO Global Conference on Sustainable Livestock Transformation: 25-27.

## 03
## AI와 수산업

수산업은 어종이 다양해 각각의 생장 환경에 대한 제어가 어렵다. 문제가 발생했을 경우 피해 규모가 크고 이를 복구하기까지 오랜 시간이 걸리기 때문에 새로운 기술을 적용하는 것 또한 쉽지 않다. AI 기술을 활용한 영상 · 이미지 분석으로 어류의 이상 징후를 감지해 질병을 예방하고, 수질 관리 및 먹이 급여 시스템을 활용함으로써 수산업의 문제들을 개선할 수 있다.

AI와 난임 극복?

## 수산업의 특수성

뉴스에서 종종 물고기 집단 폐사 소식을 접할 때가 있다. 수온이 급작스럽게 상승했다거나, 용존 산소량이 급감했다거나, 수질에 문제가 생겼다거나, 여러 가지 추정이 있지만 '원인 불명'인 경우가 대부분이다. 수백만 마리의 생명이 갑자기 둥둥 떠오르며 죽더라도 그 원인을 알 수 없다니, 속수무책인 상황이 그저 답답하기만 하다. 이렇듯 수산업은 농업, 축산업과 비교했을 때 불확실성이 더욱 크고 규모가 방대하다는 특징이 있다. 어종이 너무나 다양하고 환경을 제어하기 어려워 기술을 개발하더라도 현장에 적용하기 힘든 경우가 많다. 그래서 수산업은 스마트화가 가장 늦은 분야다.

어류는 수질 환경에 매우 민감하며, 기후 변화로 인한 피해에 직접적으로 타격을 입는다. 이로 인해 양식업은 생산성과 안정성을 유지하는 데 큰 어려움을 지닌다. 양식장에서 일어나는 대규모 집단 폐사는 막대한 경제적 손실을 초래할 뿐 아니라 수산업 전체에 불확실성으로 인한 위험 요소를 안겨 주는 요인이 된다. 피해 규모가 크다는 점 또한 치명적이다. 자그마한 환경 변화나 질병 확산이 전체 양식장에 곧바로 심각한 문제를 초래할 수 있고, 다른 산업에 비해 복구하기까지 긴 시간이 소요된다.

수산업의 스마트화에서 가장 주요한 화두는 어종의 다양성이다. 각각의 어종마다 요구되는 환경이 다르고 소비되는 지역도 다르다. 생리적 특성과 성장 조건이 모두 다르다는 것은 생육 환경에 대한 예측을 어렵게 만들고 체계적인 데이터화를 저해하는 요인이 된다. 따라서 어종에 맞는 환경 제어 기술, 양성 최적화 기술의 개발이 필요하고 물류 · 유통 경로 개발까지도 이루어져야 한다. 또 기존에 개발된 기술들을 활용하여 어종별 특성에 맞게 다시금 최적화하는 작업 역시 필요하다. 다양한 어종을 다루는 양식장에서는 AI 기술을 활용하여 환경 데이터를 분석하고, 어종별 생육 조건을 각각 모델링하여 더욱 효율적인 운영을 할 수 있을 것이다.

이처럼 수산업은 규모와 환경, 생물의 특성상 데이터를 체계화하기 어렵고 기술 적용이 쉽지 않다는 특징이 있다. 하지만 AI 기술을 활용하여 이러한 문제점들을 해결하기 위한 움직임은 이미 활발히 진행되고 있다.

## AI 기반 수산업의 발전

수산업은 어류의 생장 예측이 어렵고 불확실성이 크다는 점에서 고유의 도전 과제를 지니고 있다. 어류는 개체별로 성장 속도가 다르며, 똑같은 조건에서 사육하더라도 먹이 섭취량과 성장률에 있어서 차이가 크게 나타난다. 이러한 어려움에도 불구하고 AI 기술을 활용하여 수산업이 지니는 불확실성을 감소시키고자 하는 시도는 계속해서 이루어지고 있다. 영상을 분석하여 어류의 행동을 실시간으로 관측하거나, 개체별 성장 상태를 평가하는 등 여러 가지 방법으로 수산업에서의 문제점들을 보완하고자 노력하고 있다.

노르웨이에서는 다양한 AI 기술을 연어 양식에 활용하고 있다. 수중 드론을 활용하여 어류의 개체 수와 크기를 정확하게 분석하는가 하면, 양식장의 수온과 산소 농도를 감지하고 먹이를 먹는 패턴을 정밀하게 분석하기도 한다. 특히 먹이 공급에 효과적인 방식을 사용한다. 연어가 방출하는 특정 주파수의 소음이 있는데, 이는 배가 부를 때면 줄어들게 된다. 이 사실에 착안하여 AI가 연어의 소음을 감지한 뒤 먹이 급수량을 자동으로 조절해 주는 시스템이다.

또 매일 큰 폭으로 변화하는 연어의 먹는 양을 AI가 적당량으로 맞추어 급여함으로써 먹이에 들어가는 비용을 효율적으로 관리할 수 있다. 이 시스템을 도입한 노르웨이 연어 양식장들은 연간 총 1억6600만 달러, 대략 1800억 원 이상의 비용을 절감하고 있다. 이처럼 개체별로 먹이 섭취 패턴을 분석하고 최적화된 먹이 공급을 수행한다면 사료 낭비를 줄이고 생산성을 높일 수 있다. 이뿐만 아니라 과도한 먹이 공급으로 인한 환경 오염을 줄일 수 있다.

어류의 행동을 분석하여 질병을 미리 감지하는 것 또한 AI 기술의 중요한 역할이다. 초기에 질병을 찾아내 관리자가 신속하게 대응한다면 피해 규모를 줄이는 것은 물론 많은 노동력과 시간을 절감할 수 있다. 노르웨이에서는 AI 기술을 활용하여 연어에게 치명적인 기생충인 '바다물이(Sea Lice)'를 제거한다. 감염된 연어는 폐사율이 90%가 넘을 정도로 바다물이는 연어에게 매우 치명적이므로 이에 대한 관리가 필수다. 기존에는 사람이 일일이 바다물이를 제거했지만, AI 기술을 활용하여 좀 더 손쉽게 바다물이를 제거할 수 있다. AI가 수중 영상을 분석하여 연어에 기생하는 바다물이를 감지하고, 레이저를 활용해 바다물이를 제거하는 것이다. 이때 연어의 비늘이 거울처럼 작용해 레이저를 반사하기 때문에 오로지 바다물이만 죽게 된다. 이렇게 효과적으로 바다물이를 제거함으로써 연어 폐사율을 줄일 수 있다.

수질 관리 역시 수산업에서 중요한 요소다. AI 기반의 시스템은 수온과 용존 산소, pH 농도 등 수질 데이터를 실시간으로 모니터링하여 수질 변화를 예측하고 적절한 조치를 수행한다. 이를 통해 어류의 생존율을 높이고 환경 변화에 대한 대응력을 강화할 수 있다. 또 양식장 이외에 자연산 수산 자원 관리에도 AI 기술이 활용된다. 어류의 이동 경로를 추적하고 과도한 어획을 방지하기 위한 데이터 기반의 정책을 수립할 수 있다. 이는 지속 가능한 수산업을 위해 필수다.

이처럼 AI 기술은 수산업에서 어류 생육의 불확실성을 줄이고 양식의 효율성을 높이는 데 필수적인 역할을 하고 있다. 특히 어류의 행동 분석과 질병 감지, 수질 관리, 먹이 급여 시뮬레이션 등 다양한 분야에서 기술적인 혁신이 이루어지고 있다. 깊은 수심에서 영상의 정확도를 높이는 것이나 어류의 성장 예측과 같이 아직 여러 가지 기술적 측면에서의 과제가 남아 있다. 앞으로 AI 기술은 수산업의 불확실한 문제들을 해결하고, 좀 더 안정적인 생산 기반을 마련하는 데 중요한 역할을 할 것이다.

## 참고문헌

강기준(2018.2.22). AI가 키우는 연어…배고픈지 배부른지 감지해 먹이 조절까지. 머니투데이, https://news.mt.co.kr/mtview.php?no=2018022213400876731

구자빈 외(2023). 디지털 트윈 기반 스마트 양식–사례 연구. ≪한국통신학회논문지≫, 48(11), 1479-1490.

조성균 외(2021). 디지털 트윈 기반 아쿠아팜 서비스 제공 방안. ≪한국통신학회지 (정보와통신)≫, 38(8), 42-48.

Mandal, A. & Ghosh, A. R.(2024). Role of artificial intelligence (AI) in fish growth and health status monitoring: A review on sustainable aquaculture. *Aquaculture international*, 32(3), 2791-2820.

Mustapha, U. F., et al.(2021). Sustainable aquaculture development: A review on the roles of cloud computing, internet of things and artificial intelligence (CIA). *Reviews in aquaculture*, 13(4), 2076-2091.

Wu, Y., et al.(2022). Application of intelligent and unmanned equipment in aquaculture: A review. *Computers and electronics in agriculture*, 199, 107201.

04

# AI와 농업 데이터

혁신적인 AI 기술을 개발하기에 앞서 필수적인 것이 바로 데이터 구축이다. 양질의 데이터를 얼마나 가지고 있느냐가 곧 경쟁력이 된다. 하지만 농축수산업에서는 현장의 데이터를 수집하기 쉽지 않다. 열악한 환경으로 인해 센서가 부식되고 내구성이 계속 떨어지기 때문이다. 하지만 이러한 어려움 역시 AI 기술을 활용하여 극복하고자 노력하고 있다.

AI와 사주?

## 농축수산업 데이터의 특수성

사람들은 AI를 이용하여 이루어지는 여러 가지 '기술'에 관심을 가지지만, 이러한 기술들을 가능하게 하는 핵심은 '데이터'에 있다. AI 기술의 발전은 방대한 데이터를 축적하고 이를 분석하기 위한 센싱 기술의 발전을 기반으로 한다. 이제 데이터는 맥락 없이 정보만 담고 있는 것에서 그치지 않는다. 현대 농축수산업에서 데이터는 경제적 가치와 연관된 매우 중요한 자산이 되고 있다.

세계적인 스마트 농업 선도 기업 프리바(Priva)는 다년간 축적한 데이터를 독점하고 이를 외부에 공개하지 않는 방식으로 자사 기술의 경쟁력을 유지하고 있다. 프리바의 제품은 온실 내외부의 온습도와 같은 환경을 측정하고 이를 기반으로 온실의 환기창 개폐, 이산화탄소 시비, 히트펌프 가동 등을 자동으로 제어해 준다. 하지만 이 제품을 이용하는 사람은 프리바가 수집한 온실 환경의 측정값과 제어값을 취득할 수가 없고, 일시적인 수치만을 확인할 수 있다. 본인의 농장임에도 불구하고 측정된 데이터를 얻을 수 없는 아이러니한 상황이 발생하는 것이다. 프리바는 고객의 데이터를 대량 수집함으로써 자사 제품의 정확도를 올릴 수 있게 된다. 이는 농축수산업에서 데이터 자체가 얼마나 큰 자산이 될 수 있는

지를 말해 준다.

이처럼 작물이 어떤 환경에서 잘 자라는지, 가축은 어떤 상태를 유지해야 하는지, 어류의 행동 패턴이 어떻게 변화하는지 등 AI가 학습하고 최적의 결과를 제공하기 위해서는 데이터 구축이 필수다. 데이터를 기반으로 했을 때 AI가 여러 가지 예측과 제어를 할 수 있기 때문이다. 데이터의 양이 많으면 많을수록 수행의 정확도는 더욱 올라간다. 스마트 온실의 경우 기존 환경 데이터를 기반으로 작물의 생장 조건을 최적화했을 때 더욱 높은 수확량을 달성할 수 있다. 따라서 농축수산업에서 데이터의 필요성과 가치는 점점 커지고 있다.

한국전자통신연구원에서 구제역 확산을 예방하기 위해 AI 가축 방역 시스템인 '아디오스'를 개발하는 과정에서도 돼지에 대한 데이터 수집이 필수였다. 모든 데이터는 실제 농가에서 발생하는 현장 중심의 데이터여야 했기에 지역, 규모, 노후 정도 등 환경이 다양한 농가를 선정하여 데이터를 수집했다. 특히 정상적인 상태의 돼지와 질병에 걸린 돼지를 구별할 수 있는 학습용 데이터의 수집에 어려움이 있었다. 정상 돼지의 발성음, 활동성, 체온, 급수량 변화 등은 일반 축산 농가의 돼지에서 수집했다. 질병에 감염된 돼지의 데이터는 무균 농장에서 키운 정상 돼지에게 바이러스나 세균을 접종하는 방식으로 수집했다. 질병에 감염된 돼지들이 내는 기침, 비명, 재채기 등의 발성음과 활동성, 체온, 급수량의 변화 데이터를 위주로 모았다.

이처럼 농축수산업에서의 데이터 구축은 그리 간단한 일이 아니다. 특히나 데이터를 수집해야 하는 온실이나 축사, 양식장의 환경이 매우 열악한 경우가 많기 때문이다. 축사와 양식장에는 농도가 높은 부식성 가스나 분진이 존재하며, 온실은 고온 다습한 환경을 지니고 있다.

축사의 경우 겨울철에는 내부 온도 조절을 위해 환기를 최소한으로만 하게 되는데, 이에 따라 내부 습도가 100%, 암모니아 농도가 100ppm이 넘는 환경이 조성된다. 100ppm의 암모니아 농도에서 사람은 두통과 매스꺼움을 느끼고 기도와 코, 목구멍이 따끔거릴 정도다. 이렇게 습도가 높고 부식성 가스인 암모니아 농도가 높아지면 내부에 설치된 측정 센서들이 금방 고장 나게 된다. 이러한 환경 때문에 겨울철 축사 내부의 센서는 일주일도 버티지 못하는 경우가 허다하다. 양식장의 경우에도 습도가 높다 보니 센서들이 금방 고장 나게 된다.

이렇게 열악한 환경은 센서의 성능과 내구성에 좋지 않은 영향을 미치며, 결국 데이터 수집 장비를 자주 교체

하게 만든다. 이러한 상황이 반복될 경우, 신뢰성 있는 데이터를 장기간 취득하는 것이 어려워진다. 미국의 축산연구소에서는 열악한 환경에서 데이터를 안정적으로 수집하기 위해 내구성이 높은 센서를 개발했다. 그리고 이를 AI 기술과 결합해 데이터를 장기간 안정적으로 축적한 사례를 발표했다. 이제 '어떤 기술을 만들어 낼 것인가' 이전에 '어떻게 양질의 데이터를 수집할 수 있을까'가 화두로 떠오르는 것이다.

## AI를 활용한 농업 데이터 구축

흥미롭게도 양질의 데이터를 구축하기 위한 방법으로 역시나 AI 기술이 활발히 활용되고 있다. 특히나 센서 패키징 연구와 복합 환경에서의 멀티 센싱 기술은 신뢰성 높은 데이터를 수집하는 데 중요한 역할을 한다. 센서 패키징 연구는 고온 다습하고 높은 농도의 부식성 가스가 발생하는 환경에서 센서의 내구성과 신뢰도를 확보하기 위한 연구다. 이 연구에서는 센서를 보호할 수 있는 케이스를 씌우고, 측정 환경에 대해 노출 시간을 줄이는 방식으로 열악한 환경을 극복하고자 한다. 이때 센서의 수명을 예측하고 노출 스케줄을 조절하기 위해 AI가 활용되고 있다. 멀티 센싱 시스템은 온도, 습도, 이산화탄소 농도를 동시에 측정할 수 있어 데이터의 정확도와 효율성을 크게 향상시키고 있다.

센서의 수명을 예측하는 기술도 중요한 연구 주제다. 농축수산업 내의 열악한 환경으로 인해 센서가 부식되고 고장 나는 등 그 수명이 짧아진다. AI는 센서 자체의 데이터를 분석하여 고장 시점을 예측하고 교체 주기를 효율적으로 관리할 수 있게 한다. 불시에 고장 나 버리지 않고 효율적으로 센서를 운영할 수 있게 하는 것이다. 센서의 수명을 예측하여 미리 유지 보수를 하는 것만으로도 데이터 수집에 들어가는 비용을 절감할 수 있다.

나아가 가상 센서 기술은 실제 센서가 없어도 데이터를 예측할 수 있게 한다. 각기 다른 지점에서 측정된 데이터값을 기반으로 AI를 활용하여 센서가 없는 지점의 데이터값까지 예측하는 것이다. AI는 여러 지점에서 얻어 낸 측정값을 학습하고, 해당 공간의 정보를 시뮬레이션함으로써 가상 센서의 측정값을 내놓을 수 있게 된다. 이렇게 만들어진 가상 센서는 기존의 데이터와 AI 모델을 결합하여 환경 변수를 예측하고, 이를 기반으로 최적의 운영 방안을 제시한다. 가상 센서를 활용하면 온실, 축사, 양식장 내부의 환경을 미리 예측한 뒤 생산성을 향상시키는 방향으로 운영할 수 있다. 그리고 센서를 설치하기 어렵거나 센서로 측정하기 어려운 수치에 대해서도 가상 센서를 사용할 수 있다. 따라서 가상 센서는 농축수산업의 데이터 구축에서 그 역할이 점점 더 커지고 있다.

더불어 데이터를 '분석'하고 '관리'하는 AI 기술은 열악한 환경에서 수집된 데이터를 더욱 정교하게 활용할 수 있도록 만들어 준다. 복합적인 데이터를 분석할 때 AI를 활용하면 가축이나 작물의 생육 환경을 실시간으로 최적화하는 것이 가능하다. 데이터의 양이 방대해질수록 이를 효율적으로 처리할 수 있는 AI 기술이 필요한 것이다.

데이터의 양과 질은 AI의 성능을 결정짓는 핵심적인 요소다. 농축수산업에서 AI를 활용하여 데이터를 구축한다는 것은 단순히 데이터 수집을 넘어 이를 정리하고 분석하여 의사 결정에 활용하는 과정까지 포함한다. 앞으로 AI 기술은 더 나은 데이터 구축 방법과 활용 방안을 제공할 것이며, 농축수산업의 효율성과 지속 가능성을 높이는 데 기여할 것이다.

### 참고문헌

김현준 외(2023). 스마트축사 활용 가상센서 기술 설계 및 구현. ≪스마트미디어저널≫, 12(10), 55-62.

이하나(2021.10.15). "돼지 구제역 확산 막는다" ETRI, AI 가축 방역 시스템 아디오스 개발. AI TIMES, https://www.aitimes.com/news/articleView.html?idxno=141042

정득영 외(2021). 농·축산 산업을 위한 디지털 트윈 아키텍처 및 세부 기술 구현에 관한 연구. ≪방송공학회논문지≫, 26(4), 398-408.

황인호(2022). 양계용 멀티센서 모듈 개발과 데이터 활용 연구 (Doctoral dissertation, 서울대학교 대학원).

PRIVA. https://www.priva.com/

Yeo, U. H., et al.(2023). Determination of the optimal location and the number of sensors for efficient heating, ventilation, and air conditioning system operation in a mechanically ventilated pig house. *Biosystems engineering*, 229, 1-17.

05

# AI와 질병 감지

식물과 동물이 질병에 걸리면 어떻게 치료해야 할지 난감하다. 농작물의 질병은 복합적인 원인으로 인해 나타나는 경우가 많고 또 같은 질병이라고 할지라도 증상이 여러 가지인 경우도 많다. 이제 AI를 활용하여 식물과 동물의 이야기를 들어 볼 수 있게 되었다. 이들의 여러 가지 증상과 환경에 대한 데이터를 분석하여 조기에 질병을 감지하고 예방할 수 있다.

AI와 아이돌?

모든 생물을 키우는 데 중요한 문제 중 하나가 바로 질병 관리다. 특히 농축수산업은 살아 있는 생명을 다루는 산업이기 때문에 이들의 상태를 파악하고 빠르게 조치해 주는 것이 수익으로 곧장 직결된다. 식물, 가축, 물고기는 아프더라도 인간처럼 아프다고 이야기할 수 없으므로 관리자는 경험과 직관에 의존해 이들의 상태를 파악해 왔다. 하지만 경험과 직관에 의한 조치는 더욱 세심한 관찰이 필요하고 즉각적으로 빠르게 조치하기 어렵다는 단점이 있다.

농축수산업에서의 질병은 대체로 외부로부터 질병 원인균이나 바이러스가 유입되면서 발생한다. 예를 들어 마을의 한 축사에서 구제역이 발생할 경우, 그곳을 방문한 차량이나 사람이 별도의 방역 절차 없이 다른 농장에 방문하게 되면서 질병이 전파된다. 온실의 경우에는 벌레를 통해 유입되기도 하고, 축사에서는 쥐가 옮기기도 한다. 수산 양식장은 바다에서부터 끌어오는 바닷물에 질병이 섞여 들어와 양식장 전체에 퍼지기도 한다. 사소한 요인 하나 때문에 어마어마한 규모의 피해를 초래하게 되는 것이다. 특히 텃밭과 같이 작은 규모의 농업에서는 피해 규모가 크지 않지만, 대량 생산을 위한 집약적 농업에서는 시설 규모가 매우 커짐에 따라 자연스레 질병이 발생할 때의 피해 역시 더 커지고 있다. 결국 불필요한 경제적 손실을 줄이고 지속 가능한 농축수산업을 위해서는 질병 방역이 매우 주요한 화두가 된다.

하지만 질병에 걸린 생명체에게 나타나는 반응은 우리가 생각하는 것만큼 단순하지 않다. 한 가지 질병이 한 가지 현상으로만 나타나는 것이 아니기 때문이다. 나뭇잎 표면의 색깔이 변한다거나, 가축의 움직임이 감소한다거나, 물고기가 비정상적인 수면 활동을 하는 등 예측하기 어려운 여러 가지 반응이 복합적으로 나타나는 경우가 많다. 똑같이 잎이 마르는 증상이지만 각기 다른 질병일 수도 있고, 돼지들이 똑같은 감기에 걸렸음에도 어떤 돼지는 콧물만 난다거나 또 다른 돼지는 기침만 하는 등 모두 증상이 다를 수도 있다. 이 때문에 질병의 상태를 정량적으로 파악하고 기준을 세우는 것이 언제나 어려운 과제로 남아 있다.

이제는 AI 기술을 통해 식물과 동물들의 이야기를 알아낼 수 있는 방법이 생기고 있다. 식물이 병원균에 감염되면 잎 표면의 색깔이 변화하거나 전기적 신호가 급격하게 상승한다. 가축의 경우 움직임이나 음성에서 변화가 나타나기도 하고, 물고기는 상처가 생기거나 수영 패턴이 변화하게 된다. AI는 이러한 변화들을 모니터링하여 질병 징후를 실시간으로 탐지할 수 있다. 경험과 직관에 의존하는 것보다 직접적인 생물학적 반응을 데이터화하여 조치함으로써 더욱 효과적인 질병 관리를 할 수 있게 된 것이다. 또 외부에서 유입되는 질병으로부터 방역할 때 AI를 활용하여 더욱 체계적인 관리가 가능해진다. 감염병이 발생했을 경우 전파 경로를 예측하고 사전 방역 계획을 수립함으로써 질병이 큰 피해를 불러일으키지 않도록 대응할 수 있다.

## AI 분석을 통한 질병 진단과 예찰

이미 각 산업의 특수성과 생물의 특징에 따라 다양한 방법으로 AI를 활용한 질병 예찰과 조치를 수행하고 있다. 그중 가장 널리 활용되는 기술이 이미지와 영상을 분석하는 방법이다. 농업에서는 드론에 장착된 카메라로 작물의 이미지를 촬영한 뒤 AI 모델이 색깔, 모양, 패턴의 변화를 분석하여 병충해 발생 여부를 판단한다.

우리나라 농촌진흥청에서는 휴대폰으로 농작물을 촬영해 곧바로 병충해를 진단하고 처방하는 AI 앱 서비스를 도입했다. 이른바 'AI 병해충 영상 진단 서비스'다. 영상 진단의 정확도는 평균 96.6%로, 사람이 직접 진단할 때의 정확도인 95.3%보다 높은 수준이다. 이렇게 AI를 활용하여 조기에 병충해를 예찰하면 농산물의 생산과 공급 안정화에 큰 도움이 될 것으로 예상된다.

가축의 질병 감지에서도 이미지와 영상 분석이 활용된다. 예를 들어 젖소의 움직임과 자세를 모니터링하는 AI 시스템은 젖소가 다리를 절었을 때 이를 탐지하여 젖소의 관절염이나 발굽 질병을 조기에 치료할 수 있게 해준다. 또 가축의 피부 상태를 이미지로 분석하여 피부 질환 여부를 실시간으로 판별하기도 한다. 이렇게 AI를 활용함으로써 질병이 발생하는 것을 예방하거나 심해지는 것을 막을 수 있다.

특히 수산업에서 물고기의 질병을 감지하기 위해 영상 데이터가 주로 활용된다. 양식장 현장에서 물고기를 물 밖으로 꺼내 건강 상태를 확인하기 어려우니, 물고기의 질병 감지는 농작물이나 가축보다 어렵다. 그러므로 이미지와 영상으로 상태를 분석하는 방식이 훨씬 유용하다. AI는 수중 카메라로 촬영된 영상을 분석하여 물고기의 상처와 색 변화, 비정상적인 수영 패턴을 탐지한다. 특히 사람이 일일이 확인하기 어려운 물고기의 상처를 조기에 발견하여 조치하면 양식장의 폐사율을 줄이고 수익 증대에 기여할 수 있다.

AI가 농작물의 전기적 신호를 분석하거나 가축의 소리를 통해서도 스트레스 정도나 병충해, 질병을 감지할 수도 있다. 예를 들어 돼지가 특정 주파수의 울음소리를 반복적으로 낼 경우, 이는 호흡기 질환의 초기 징후일 수 있다. AI는 돼지의 울음소리, 기침 소리, 소리의 주기 등을 분석하여 호흡기 질환 감염 여부를 판단한다.

## AI 기반 질병 방역

전염병 방역에서도 AI 기술을 활용하면 더욱 체계적인 관리를 할 수 있다. 기존의 전염병 방역은 단순히 차량을 통제하고 방역복을 입는다거나 소독을 하는 방식으로 이루어졌다. 하지만 AI 기술을 활용하여 축사를 둘러싼 지리적인 영역을 가상으로 설정하고, 해당 지역 내에서 발생하는 질병을 실시간으로 관리하는 것이 가능해졌다. 이를 통해 질병이 확산되는 것을 더욱 빠르게 막을 수 있고 감염병의 경로를 사전에 예측하여 질병이 전파되지 않도록 조치할 수 있다. 딥러닝을 기반으로 한 시스템을 활용해 농가에 출입하는 차량과 인물 정보를 손쉽게 관리할 수 있고, 소독 시설과 농가 소독, 방역대 등 축산 농장을 둘러싼 주요 위치가 자동으로 수신되어 편리하게 방역에 활용할 수 있다.

이처럼 AI 기술은 질병 감지에서 단순히 데이터를 분석하는 것뿐만 아니라 효율적인 예방 조치를 할 수 있게 해 준다. AI는 작물의 병충해 발생 가능성을 예측하여 농민에게 적절한 방제를 추천해 주거나, 가축의 스트레스 수준을 모니터링하여 자동으로 환경을 조정하는 역할을 할 수 있다. 이는 질병으로 인한 피해를 줄여 농축수산업에서 생산성과 효율성을 높이는 데 크게 기여하고 있다.

### 참고문헌

이병성(2024.9.27). 농작물 병해충 AI 영상진단·처방 서비스, 국민 누구나 이용 가능. ≪한국농어민신문≫, https://www.agrinet.co.kr/news/articleView.html?idxno=331076

이하나(2021.10.15). "돼지 구제역 확산 막는다" ETRI, AI 가축 방역 시스템 아디오스 개발. AI TIMES, https://www.aitimes.com/news/articleView.html?idxno=141042

함규원(2024.7.24). AI 과일선별, 장점은 '빠른 품위 파악'…보편화 여부는 '미지수'. ≪농민신문≫, https://www.nongmin.com/article/20240722500706

Abbas, A., et al.(2023). Drones in plant disease assessment, efficient monitoring, and detection: A way forward to smart agriculture. *Agronomy*, 13(6), 1524.

Ozguven, M. M. & Adem, K.(2019). Automatic detection and classification of leaf spot disease in sugar beet using deep learning algorithms. *Physica A: Statistical mechanics and its applications*, 535, 122537.

Wu, D., et al.(2020). Lameness detection of dairy cows based on the YOLOv3 deep learning algorithm and a relative step size characteristic. *Biosystems engineering*, 189, 150-163.

06

## AI와 농업용 로봇

다양한 농기계가 이미 사용되고 있지만, 이제는 AI를 결합한 농업용 로봇이 등장하고 있다. 단순 작업만을 수행하는 것이 아니라 더 복합적인 상황에서 최적의 결과를 만들어 준다. 작업의 정밀도는 올라가고 더 많은 상황과 환경을 고려할 수 있게 되었다. 우리는 이 편리한 도구를 어떻게 효율적으로 사용할 수 있을지 끊임없이 고민해야 하는 과제를 안게 되었다.

AI와 야구?

## 농업용 로봇이 똑똑해진다

농업에서 기계는 이제 필수적인 존재다. 사람이 일일이 손으로 하거나 간단한 농기구를 사용하던 시기를 지나 이제는 많은 부분이 기계로 인해 자동화되었다. 경운기, 탈곡기, 이앙기 등 다양한 농기계가 사용되고 있으며 작은 텃밭을 관리하는 데에도 소규모 농기계를 사용할 수 있다. 로봇도 농기계의 한 종류라고 할 수 있으며, 특정 작업을 수행하기 위해 하드웨어와 소프트웨어가 결합된 형태로 만들어진다. 농업에서의 로봇은 기존의 농기계보다 더 복잡한 작업을 수행할 수 있도록 설계되어 작물 재배에서부터 수확, 관리까지 다양한 상황에서 쓰인다.

로봇은 단순하게 작동하는 기계가 아니므로 특정한 작업을 수행하기 위해 어떻게 작동할지 판단하고 명령을 내릴 수 있는 소프트웨어가 우선적이다. 과거에는 조건문에 기반한 알고리즘이 주로 사용되어 로봇의 행동을 제어했다. 이를테면 '특정 온도에 도달할 경우 작동을 중지한다'와 같은 간단한 조건문이 로봇의 행동을 결정했다. 하지만 이러한 방식은 복잡한 작업 환경에서는 최적의 결정을 내리기 어렵다는 한계가 있다.

최근에는 AI 기술의 도입으로 로봇이 더욱 똑똑해지고 있다. 같은 하드웨어를 사용하더라도 AI는 복잡한 데이터를 분석하여 특정 조건에서 더욱 만족스러운 최적의 명령을 내릴 수 있기 때문이다. 이는 농업용 로봇이 다양한 환경에서 더욱 효율적으로 작업할 수 있게 만든다. 같은 작업을 수행하는 과일 수확 로봇이라고 할지라도 AI를 활용하면 과일의 숙성 정도를 스스로 판단하여 더욱 맛있는 과일을 수확할 수 있게 해 준다. 이러한 발전은 농업용 로봇의 효율성과 정밀도를 크게 향상시키고 있다.

## AI 기반 농업용 로봇의 발전

AI를 기반으로 한 농업용 로봇은 이제 더욱 다양한 목표를 위해 사용되고 있다. 단순화된 반복 작업에서 벗어나 정밀함과 적응력을 갖춘 첨단 도구로 발전하여 효율성과 생산성을 극대화할 수 있게 해 준다. 가장 두각을 드러내는 특징은 '자동화'로 인한 효율성 증대다. 같은 하드웨어를 이용한다고 해도 AI 기술을 활용해 소프트웨어가 더 똑똑해지면 기존에 가지고 있던 장비들을 더 효율적으로 활용할 수 있게 된다. 예를 들어 존 디어의 자율주행 트랙터는 단순히 밭을 가는 작업만 하는 것이 아니라 농지의 상태를 분석하고 그에 맞는 최적의 경로를 계산해 준다. 이를 통해 작업 중에 발생하는 연료 소비를 줄이고 작업 시간을 단축시켜 주며 노동력을 절감할 수 있게 한다.

작업의 '정밀도'를 높인다는 점 또한 핵심적이다. 과일 수확 로봇을 활용함으로써 과일의 숙성 상태를 더욱 정확하게 파악하고 손상 없이 수확할 수 있다. 당도와 상품성을 유지하는 것은 물론 수확 속도도 향상시킬 수 있어 고품질 과일 수확에 유용하다. 또 드론 기술은 농업의 다양한 작업에서 이미 활용되고 있다. 농약 살포 드론은 병충해 발생 가능성이 높은 지역을 탐지하여 더욱 정밀하게 농약을 살포해 주고, 주변 환경에 미칠 수 있는 부정적인 영향을 최소화하여 작업을 수행한다. 이는 농약 사용량을 줄이는 동시에 작물의 생산성을 유지할 수 있어 경제적이다.

농업용 로봇을 활용하여 동물 복지를 고려하고 친환경적인 작업을 수행할 수도 있게 되었다. 오로지 생산성만을 목표로 하는 것이 아니라 복합적인 작업 환경을 고려하는 것이다. 젖소의 우유를 짜내는 과정에서 젖소는 적지 않은 스트레스를 받게 되는데, AI는 젖소의 건강 상태와 유량을 분석하여 적절한 착유 압력과 속도를 찾아내 조절해 준다. 충청남도 아산시에서는 젖소가 스스로 착유기에 들어가면 개체 인식 시스템을 통해 자동으로 착유가 진행되는 로봇 착유기를 보급한 바 있다. 이 로봇 착유기는 유방 세척과 건강 모니터링 그리고 착유 후의 소독까지 위생적으로 자동화 공정이 적용된다. 특히 젖소가 자율적으로 착유를 할 수 있기 때문에 스트레스가 최소화된다는 점이 특징적이다. 또 원유의 상태를 자동으로 선별하는 시스템을 이용해 원유의 위생 관리 수준이 크게 향상되고, 젖소의 건강 상태도 실시간으로 확인할 수 있게 되었다. 이러한 로봇 착유기 시스템은 젖소의 스트레스를 줄이고 착유에 들어가는 노동력을 감소시켜 생산성을 높이는 동시에 우유의 품질까지 개선할 수 있게 한다.

또 미국의 농업용 로봇 전문 기업 카본로보틱스(Carbon Robotics)에서 개발한 로봇 '레이저위더(Laserweeder)'는 컴퓨터 비전과 AI 딥러닝 모델을 활용해 실시간으로 잡초와 농작물을 구별하고, 고성능 레이저로 잡초를 제거한다. 이 과정에서 주변의 농작물을 손상시키거나 토양을 훼손하지 않는다. 사람이 일일이 작업하지 않아도 되니 노동력 감소는 물론이거니와 화학적인 제초제 사용을 최소화할 수 있어 친환경적이다. 이처럼 로봇은 지속 가능한 산업으로의 전환을 가능하게 만들어 준다.

수산업의 특수성으로 인해 스마트화가 늦은 양식장에서도 AI 기반의 로봇 활용이 활발히 시도되고 있다. 그물이나 수조를 청소해 주는 로봇에서부터 물고기의 사료 섭취량 데이터를 기반으로 한 자동 사료 급이 로봇, 수질과 어류의 건강 상태를 확인하는 수중 드론 로봇까지 그 용도는 다양하다. AI를 활용하여 물고기 폐사체를 구분하고 이를 수거하는 로봇 역시 유용하다. 양식 수조 안에 폐사체를 오랫동안 방치하면 수질이 악화되고 심한 경우 수조 전체에 질병을 발생시킬 우려가 있다. 그러므로 폐사체를 빠르게 건져 내는 것이 무엇보다 중요한데, 로봇의 경우 사람보다 더 정확하게 폐사체를 구별할 수 있고 또 피해가 생기기 전에 빠르게 폐사체를 건져 낼 수 있다.

양식된 물고기를 출하하는 과정에서도 로봇이 활용된다. '수중 어체 측정 로봇'은 물고기를 판매하기 전 어느 정도 성장이 이루어졌는지를 판별하는 로봇이다. 기존에는 물고기를 꺼내 직접 측정해야만 성장 정도를 알 수 있었다. 하지만 이는 시간과 노동력이 많이 소모되는 방식이고, 또 측정 과정에서 물고기가 스트레스를 받아 폐사하는 경우도 종종 발생한다. 수중 어체 측정 로봇을 활용하면 더욱 편리하고 효율적으로 물고기의 성장 정도를 측정할 수 있다. 로봇은 동그란 형태를 하고 있고 테두리에 카메라가 설치되어 있다. 물고기가 로봇 사이를 통과하면 카메라로 촬영하여 영상 데이터를 획득하는 방식이다. 물고기가 통과할 때 촬영된 영상만으로 물고기의 체중과 길이, 비만도를 알 수 있고 나아가 상처 부위가 있는지 혹은 비늘에 기생충이 감염되지는 않았는지를 판단할 수 있다.

이제 AI 기반 로봇을 활용하여 작업은 더욱 편리해지고 노동 시간을 단축시킬 수 있게 되었다. 이뿐만 아니라 각 산업이 지닌 특수성으로 인한 문제들도 해결할 수 있게 되었다. 로봇의 장점을 효율적으로 활용해 생산성을 높이고 지속 가능한 농업을 실현하는 일은 사람에게 당면한 문제다. 우리는 이 유용한 도구를 어떻게 사용할 수 있을지 끊임없이 고민해야 한다.

## 참고문헌

김정모(2025.2.10). 젖소가 자율적으로 착유를 한다고? 충남 아산시 로봇착유기 도입. ≪세계일보≫, https://www.segye.com/newsView/20250210502546?OutUrl=naver

유승화 외(2021). 신개발 AI 노즐을 활용한 드론 방제기의 포장 적응 특성 분석. ≪한국농업기계학회 학술발표논문집≫, 26(2),

213-214.
유진(2024.10.22). AI로 농작물 사이 숨은 잡초 골라내 제거…美 농업용 로봇기업 960억 투자 유치. AI POST, https://www.aipostkorea.com/news/articleView.html?idxno=4224
Carbon Robotics. https://carbonrobotics.com/
Fishency Innovation. https://www.fishency.no
iFarm. https://ifarm.fi/
JohnDeere. https://www.deere.com/
Tevel. https://www.tevel-tech.com/

07

# AI와 생산 최적화

농축수산업의 목표는 수익을 창출하는 것이다. 생산에 투입되는 여러 가지 비용을 최소화하는 동시에 양질의 상품을 많이 만들어 내는 것이 주요한 과제다. AI는 농축수산업 현장의 환경과 생장 데이터를 분석하여 생산 최적화를 할 수 있게 해 주고, 나아가 외부의 요인들까지도 관리할 수 있게 해 준다.

AI와 윤동주?

## 생산 최적화의 필수 요소

농축수산업의 궁극적인 목표는 수익 창출이다. 과거에는 농작물을 키우고 가축을 기르며 물고기를 잡는 것이 먹고 살기 위한 생존의 영역으로 인식되었다. 하지만 현대에 들어서 이러한 활동들은 대부분 경제적인 수단으로 변화하게 되었다. 그리고 기술의 발전과 더불어 농축수산업은 생산성과 효율성을 극대화하여 더 많은 수익을 창출하기 위한 산업으로 자리 잡았다. 이는 생존의 문제를 넘어 수익을 창출하기 위한 경쟁력, 동시에 지속 가능성의 영역으로 농축수산업의 패러다임이 변화하고 있다는 것을 의미한다.

이제 사료비나 수도, 광열비 등의 투입 비용을 최소화하면서도 양질의 작물, 축산물, 수산물을 최대한 많이 생산하는 것이 주요한 과제가 되었다. 이처럼 적은 비용을 투입해서 최대의 생산량을 얻는 것을 '생산 최적화'라고 한다. 농축수산업의 생산 최적화에서 가장 핵심적인 요소는 '에너지 관리'와 '사료 관리'다. AI는 실시간 데이터를 활용하여 농업 현장에서 소비되는 에너지와 사료 사용을 최적화할 수 있게 한다. AI 기반 에너지 관리 시스템을 이용해 작물의 생장 환경을 그대로 유지하면서도 난방비를 절감하는 것, 또는 젖소의 사료 공급 방식을 최적화하여 유량을 증가시키면서 사료비를 줄이는 것이 그 예다.

농장주가 온실의 온도를 20°C로 설정해 두고 하루에 한 번씩 날씨에 따라 직접 조정한다고 가정해 보자. 기온은 실시간으로 변화하는데, 이를 즉각 반영하여 조절하지 못하면 예상외로 온도가 급격히 떨어지거나 오르는 경우가 발생한다. 이후 온도를 다시 올리려고 할 때 많은 양의 추가적인 에너지가 필요하게 된다. 온도가 오른 경우에도 불필요한 에너지가 이미 사용된 것은 마찬가지다. 이에 비해 AI는 하루에도 수십 번씩 외부 기온의 변화에 따라서 온도 설정값을 조정할 수 있다. 이렇게 자동으로 조정하면 온실 내부의 온도가 계속해서 일정하게 유지되므로 오히려 과도하게 낭비되는 에너지를 줄일 수 있다.

수산업 양식장에서도 AI를 활용한 생산 최적화는 유효하다. 제주도 넙치 양식장에서 넙치 1kg을 생산하기 위한 원가는 판매 관리비까지 포함하여 총 1만2955원이다. 여기에서 사료비가 5117원으로 전체의 39.5%라는 가장 높은 비율을 차지한다. 하지만 우리나라 양식업의 문제점 중 하나가 바로 폐사율이 높다는 점이다. 넙치를 키우느라 투자한 사료비와 종자비, 인건비 등의 모든 비용이 그대로 물거품이 된다. 특히 제주도 넙치 양식장의 폐사율은 30~40%에 달하는 아주 높은 수치다. 여기에서 생산 최적화를 통해 폐사율을 10%만 줄일 수 있어도 어가에서 얻을 수 있는 수익은 현저히 높아진다. 수질 관리나 수온 변화 등 폐사가 발생할 수 있는 환경을 미리 감지하고 이를 자동으로 조절한다면 최소 비용으로 넙치가 생장할 수 있는 최적의 환경을 조성할 수 있다.

동물 복지 역시 농민의 관점에서는 수익 증대를 위한 전략으로 볼 수 있다. 스트레스를 적게 받은 가축은 성장 속도가 빨라지고 질병에 걸릴 확률이 낮아진다. 그만큼 건강한 축산물을 생산해 낼 수 있고, 동물 복지를 고려하는 고객의 장바구니에 선택될 확률이 높아진다. 그러므로 AI 기술을 활용해 가축의 스트레스 지수를 확인하여 이에 맞는 관리를 해 준다면 품질이 좋은 축산물을 효율적인 비용으로 생산할 수 있다. 온습도 관리나 가축의 생활 반경, 환기 시스템 등을 관리함으로써 장기적으로 농가의 수익 증대에 기여할 수 있게 되는 것이다. 이처럼 AI 기술을 기반으로 한 생산 최적화는 농가의 운영 비용을 절감할 수 있는 동시에 생산성을 향상하는 데 획기적이고 효과적인 역할을 할 수 있다.

## 농축수산업 생태계 변화

이제 AI를 기반으로 한 생산 최적화는 품질이나 수량과 같은 단순한 기준을 넘어 더욱 다양한 상황과 요소를 고려할 수 있게 한다. 얼마나 적은 비용을 들여 더 많은 수익을 창출할 수 있을지를 고민하면서 출하 시기, 유통 경로, 시장 상황과 같은 더욱 복합적인 요인들까지 최적화할 수 있게 만들어 준다. 이러한 변화는 농축수산업의 생태계를 움직이기에 충분하다.

우선 AI 기반 환경 조절 기술을 활용하면 농업 현장에서는 온도, 습도, 조도 등의 환경적인 요인들을 실시간으로 조정할 수 있다. 이는 작물과 가축이 최적의 상태에서 성장할 수 있도록 도우며, 생산량 증대와 품질 향상에 효과적이다.

경기도 평택에 위치한 스마트 양돈장 '로즈팜'에서는 최첨단 디지털 기술을 활용해 다양한 방식으로 생산 최적화를 실현하고 있다. 실내외의 온습도와 환기량을 자동 제어하여 돼지의 호흡기 질병을 실시간으로 관리하고, 농장 내부의 악취를 한곳으로 포집한 후 공기 세정 시스템을 이용해 획기적으로 악취를 줄인다.

또 사료 자동 공급기와 센서를 이용해 데이터를 수집하여 이를 기반으로 돼지의 성장 단계를 감안한 사료 공급량, 사료 종류를 최적화했다. 일반 농가에서는 새끼 돼지 마리당 평균 사료비가 약 3만5100원이지만, 빅데이터를 활용해 맞춤형 사료 제공을 시행한 로즈팜에서는 사료비가 2만8500원이었다. 생산 최적화를 통해 사료 낭비를 방지하여 6600원의 비용을 절감할 수 있었던 것이다.

돼지 농장의 생산성을 나타내는 지표인 'PSY(Pig per Sow per Year)', 즉 한 마리의 모돈이 1년간 출산한 새끼 돼지 수 역시 로즈팜이 높았다. 우리나라의 전체 평균은 21.2마리인 데 비해 로즈팜은 그보다 40% 많은 29~30마리에 달했다. 이는 축산 선진국인 유럽 연합 전체 평균인 28.7마리를 넘어서는 수치다. 이처럼 스마트화로 생산 최적화를 이룬 축사에서는 생산성을 향상시키는 동시에 많은 비용을 절감할 수 있었다.

이 외에도 여러 곳의 스마트 축사에서 AI 기술을 활용한 생산 최적화를 실현하고 있다. 가축 간의 전염병 방지를 위해 전염 원인별 출입 통제와 방역 구역 세분화를 시행하기도 하고, 로봇 착유기를 이용하여 데이터 기반으로 작업을 정밀화한 결과 노동력을 절감하는 동시에 우유 품질을 개선하고 생산성을 향상할 수 있었다.

나아가 AI는 종묘 단계에서부터 유통에 이르기까지 농축수산업의 전 주기적 관리를 가능하게 한다. AI를 활용해 작물의 생장 데이터를 분석하고 최적의 출하 시기를 예측하여 유통 과정까지 최적화하는 것이다. 이로써 작물의 신선도를 유지하는 동시에 유통 비용을 절감할 수 있게 된다. 또 AI를 활용하여 생장 예측을 할 경우, 가축이나 작물의 출하 시기를 조절할 수 있고 시장 상황에 맞는 가격을 책정할 수 있게 된다. 예를 들어 여름철 삼계탕 소비가 증가할 시기에 맞춰서 닭을 출하해야 한다면 AI는 닭의 성장 상태를 분석하고 출하 시기를 적절하게 조정해 줄 수 있다. 동일한 양을 생산하더라도 더 높은 수익을 창출할 수 있게 만들어 줄 수 있다.

생산을 위해 필요한 요소뿐만 아니라 다른 농가나 시장의 상황과 같은 외부 요인도 고려할 수 있다. 각각의 농장들이 디지털화를 확장해 다른 농장들과 서로 연동이 되면 작물이나 가축의 전체 생산량 등 정보를 수치화할 수 있다. 농가들이 협력 체계를 구축하여 서로의 상황을 고려한다면 특정 시기에 적합한 생산 계획을 수립하고 생산량과 출하 시기까지 조율할 수 있다. AI 기술을 활용함으로써 사람이 운영할 수 있는 선택의 폭은 더욱 확장되는 것이다.

결론적으로 AI를 활용한 생산 최적화는 농축수산업의 생산성을 높이고 효과적인 자원 활용을 가능하게 한다.

시장 변화에 민첩하게 대응할 수 있으며 이에 따른 수익의 증대, 그리고 지속 가능한 농업 생태계를 구축하는 기반이 되고 있다.

## 참고문헌


국립축산과학원(2022). 한우 원료사료 에너지 가치, 정밀 평가 방법 개발.
https://www.nias.go.kr/

김세한(2021). 디지털 데이터 중심의 AI기반 환경인지 생산기술 개발 방향. ≪전자통신동향분석≫, 36(1), 54-63.

농림축산식품부(2024.03.13). 스마트 축산, 현장에서 답을 찾다.
https://www.mafra.go.kr/home/5109/subview.do

이상연 외(2023). 디지털트윈 기반 아쿠아팜 동향 및 발전 방향. ≪전자통신동향분석≫, 38(3), 29-37.

좌동철(2024.7.23). 제주광어 10마리 중 3마리는 '폐사'…경영비 '부담'. ≪제주일보≫,
https://www.jejunews.com/news/articleView.html?idxno=2212436

통계청(2024). 2023년 축산물생산비조사 결과.
https://kostat.go.kr/

Costantino, A., et al.(2016). Energy use for climate control of animal houses: The state of the art in Europe. *Energy procedia*, 101, 184-191.

Shin, H., et al.(2023). Development of an optimal mechanical ventilation system control strategy based on weather forecasting data for outdoor air cooling in livestock housing. *Energy*, 268, 126649.

## 08
# AI와 기후 변화 대응

기후 변화로 인해 일상적이었던 먹거리들이 변화하기 시작했다. 날씨라는 불확실한 요인의 영향을 많이 받는 농축수산업은 이에 대응하기 위한 전략을 서둘러 수립해야 한다. AI는 온실과 축사, 양식장의 환경을 효과적으로 제어함으로써 기후 변화에 대응할 수 있게 한다. 그리고 기후 변화를 정확하게 분석하고 예측하기 위해서도 AI 기술이 활용되고 있다.

AI와 한의학?

## 기후 변화의 영향

'기후 변화', 이제는 각종 뉴스에서 심심치 않게 들려오는 말이다. 원인도 모른 채 물고기가 집단 폐사한다거나, 흔하게 사 먹던 과일 가격이 갑자기 오르고 구하기 힘들어지는 이유가 다 기후 변화 때문이라고 하니 지구가 심각하게 잘못되어 가는 것은 아닌지 수많은 우려가 생겨난다.

2024년 여름, 일본에서는 30여 년 만에 쌀값이 최고치를 경신했고 쌀 품귀 현상이 일어났다. 불안에 휩싸인 일본인들은 쌀을 싹쓸이하기 시작했으며 마트에서는 구매 제한을 걸기까지 했다. 기호 식품이나 과일이 아니라 주식인 쌀이 부족해 가격이 폭등하고 구하기 힘들어지다니, 옆 나라의 일이라 할지라도 먹고사는 일상에 당장 영향을 받을 수도 있다는 생각에 현실적인 두려움이 다가온다. 일본에서는 이렇게 쌀이 부족해진 여러 가지 원인 중 하나로 폭염을 꼽는다. 갑작스럽게 지속된 무더위로 인해 예상치 못한 쌀 흉작을 겪었고, 관광 온 외국인들의 쌀 수요를 예측하지 못하여 쌀 재고 관리에 실패하게 되면서 이러한 현상이 일어난 것이다.

이는 비단 일본만의 문제가 아니다. 스페인의 가뭄으로 인해 올리브유 가격이 최고가를 기록했고, 말레이시아 · 인도네시아의 폭우로 팜유 가격이 상승했다. 인도의 엘니뇨 가뭄으로 인해 사탕수수 생산이 감소하면서 설탕 수출이 금지되는가 하면, 미국의 허리케인으로 인해 오렌지 가격이 급등하기도 했다. 전 세계적으로 기후변화로 인한 농작물 생산 감소와 물가 상승을 겪고 있으며, 이를 뜻하는 시사 용어인 '기후플레이션'은 이제 일상적인 용어로 자리를 잡아 가고 있다.

우리나라 역시 기상 이변으로 인한 피해로부터 예외가 아니다. 대표적인 예로 흔하게 먹을 수 있었던 과일인 사과가 있다. 사과는 2023년 3월 이상 고온으로 꽃이 일찍 피었다가 강력한 꽃샘추위를 맞으며 꽃이 제대로 다 피기도 전에 떨어져 버렸다. 꽃이 피지 못했으니 당연히 열매도 충분히 열리지 못했다. 이렇게 흉작을 겪어 그해 사과의 생산량은 30%나 감소하였으며, 이로 인해 가격이 치솟아 소위 '금사과'로 불리게 되었다. 이때의 흉작으로 인해 창고에 재고를 쌓아 두지 못해 2024년 내내 사과 가격이 요동치게 되었으며, 명절에는 가격이 폭등하게 되니 정말로 기후와 식량은 곧장 직결되는 관계라고 할 수 있다.

설상가상으로 이제는 기후 온난화로 인해 사과의 재배산지 자체가 북쪽으로 이동하는 실정이다. 사과는 서리를 여러 번 맞아야 당도가 올라가고 향이 깊어진다. 또 날씨가 쌀쌀해야 생산량 자체도 오르는데, 기후 온난화의 영향으로 기존 산지의 기온이 올라가니 더 추운 북쪽 지역으로 산지가 바뀌게 되는 것이다. 원래 사과는 경상북도가 국내 생산량의 절반 이상을 차지하는 주산지였지만, 이제는 그 점유율이 점차 하락하고 강원도의 사과 재배 비중이 상승하고 있다. 강원도 양구군은 경상북도 영천시와 비교했을 때 위도와 고도가 모두 높아 폭염·열대야 같은 이상 고온을 피할 수 있다. 따라서 더욱 품질 좋은 사과를 안정적으로 재배하는 것이 가능하다.

사과뿐만 아니라 제주도 특산물로 여겨지던 감귤 역시 이제는 전라남도 해남군과 경상남도 남해군에서도 재배되고 있으며 복숭아, 포도 또한 마찬가지로 북쪽으로 재배지가 점차 이동하고 있다. 이러한 변화는 오랜 세월 같은 지역에서 과수원을 운영하던 농가의 가계에도 치명적인 피해를 주고 있다. 작물을 변경하는 것보다는 이주를 해서라도 재배 작물을 유지하고자 하는데, 다시 나무를 심어 과수원을 조성하고 상품 가치가 있는 열매를 맺기 위해서는 돈과 시간이 엄청나게 소요되기 때문이다. 기존의 터전을 유지하자니 요동치는 날씨 변화로 과일의 수확량과 품질이 불분명하고, 기후 변화 이주를

하려니 시간은 물론 비용이 막대하게 들어 꼼짝없이 한숨만 나오는 상황이다.

기후 변화로 인한 피해는 수산업 역시 만만치 않다. 2024년 한반도 연안의 고수온 현상으로 인해 김 양식이 실패하게 되면서 김 가격이 폭등하였는가 하면, 제주도에서는 고수온으로 인해 감태, 톳, 모자반 같은 풀이 사라져 이들을 먹고 자라는 소라와 전복의 어획량도 급감했다. 이에 대한 대응으로 홍해삼 62만 마리, 전복 51만 마리, 오분자기 24만 마리 등의 수산 종자를 대량 방류했으나 기후 변화 속도가 더 빨라 그 효과를 보지 못해 개체 수는 나날이 감소하는 것으로 체감된다.

강원도에서는 한류성 어종인 명태를 찾아볼 수 없게 되었다. 1981년 명태 어획량은 최대 16만5800톤이었으나 2000년에는 1000톤 이하로 줄어들었고, 2008년에는 무려 어획량 '0톤'을 기록했다. 2014년 해양수산부의 '명태 살리기 프로젝트'를 통해 수년간 인공 종자를 생산해 치어를 방류했으나 그 효과가 미비하여 이제 동해에서 명태의 모습을 찾아보기는 힘들어졌다. 강원도 고성군에서는 명태 없는 명태 축제를 열어야 했고, 국내에 유통되는 명태의 99%는 러시아에서 수입하는 상황에 이르렀다. 오징어와 도루묵 등 동해를 대표하는 다른 어종들도 사라지고 이 자리를 문어, 광어, 가자미와 같은 어종이 대체하고 있다. 이상 기온으로 인한 바닷속 생태계 변화 앞에 어민들은 할 수 있는 일이 없어 그저 망연자실할 뿐이다.

이처럼 기후 변화는 식량 공급망의 안정성을 위협하며 각국이 먹거리 체계를 구축하는 데에 어려움을 겪게 한다. 국내에서의 수확과 어획이 어려워 수입에 의존할수록 식량 자급률이 떨어지고 국민의 먹거리 불안은 커지게 된다. 이러한 상황에서 기존의 농업 방식만으로는 여러 가지 변화에 대응하기 어렵다. 막연히 손 놓고 보고만 있을 것이 아니라, 우리가 활용할 수 있는 기술을 동원하여 다시금 효율적인 생산 활동이 유지되도록 방안을 마련해야 한다.

## AI 기반 기후 변화 대응

기후 변화로 인해 자연환경이 농작물과 축산물, 수산물의 생장 조건을 안정적으로 제공할 수 없는 상황이 되었다. 농작물의 가격은 그해의 작황이 어떤지에 따라 영향을 받게 되는데, 기후나 병충해, 토양의 상황 등 사람이 조절할 수 없는 부분이 많아 변동성이 매우 크다. AI는 이러한 변화에 대응할 수 있는 중요한 도구로 부상하고 있다. 사막 위에 세워진 도시인 아랍 에미리트에서는 고온 건조한 환경에서도 농업이 가능하게 하기 위한 '고측고 온실', 다시 말해 '고온 극복형 온실'을 활용한다. 우리나라 농촌진흥청에서 고온 환경을 극복하기 위한 스마트 온실을 개발하여 아랍 에미리트에 수출한 바도 있다.

이른바 'K스마트팜'이라 불리는 이 고온 극복형 온실은 AI가 온실 내부의 온도, 습도, 이산화탄소 농도를 실시간으로 조정하여 작물이 최적의 상태에서 자랄 수 있도록 돕는다. '포그 냉방 시스템'이라고 하는 안개 분무 시설을 설치해 무더운 온실 내부 온도를 획기적으로 낮출 수 있으며, 작물이 자라는 데 적정한 환경을 유지할 수 있게 해 준다. 이 방식으로 물 사용량을 줄일 수 있어 물이 부족한 사막인 아랍 에미리트의 환경에 적합한 기술이라고 할 수 있다. 또 작물 지하부의 정밀한 환경 제어가 가능하도록 별도의 양액 시스템이 설치되어 있다. 이는 사막이라는 극단적인 환경에서도 안정적인 농작물 생산이 가능하게 해 준다.

기후 변화로 인한 수산 양식업의 위기에도 AI가 활약한다. AI는 수온과 용존 산소, 수질 등의 조건을 모니터링하고, 수집한 데이터를 기반으로 양식장 내의 환경을 조절함으로써 어류 폐사를 방지한다. 농작물 재배에서는 AI가 최적의 재배산지를 추천하는 방식으로 기후 변화에 대응하고 있다. 미국의 한 연구에서는 AI를 활용하여 작물별로 어느 지역에서 재배하는 것이 가장 적합한지를 분석했다. 그리고 농민들에게 새로운 경작지를 제안했다. 이를 통해 기존보다 생산성이 높은 지역으로 농업 활동을 이동하였으며, 기후 변화의 영향을 최소화할 수 있었다.

또 AI는 기후 변화 예측에서 중요한 역할을 한다. 기상 데이터를 분석하여 작물과 축산물, 수산물 생산에 영향을 미칠 수 있는 기후 변화 패턴을 예측하는 것이다. 국립농업과학원에서는 '기후 변화 적응을 위한 첫걸음, 작물 재배 관리 의사 결정 지원 시스템'을 개발하여 작물 재배 시기와 방법에 대한 데이터를 제공하고 있다. 재배 작물, 재배 지역, 농작업 수행 날짜 등 여러 가지 요건을 고려하여 파종 시기, 수확 시기와 같은 적절한 영농 일정을 제시해 준다. 이는 농민들이 기후 변화에 민첩하게 대응할 수 있도록 돕는다.

AI는 기후 변화가 농축수산업에 미치는 영향을 완화하고 지속 가능한 농업 생태계를 구축하는 데 중요한 역할을 하고 있다. 생산 최적화와 기후 적응을 동시에 추구하는 AI 기술은 앞으로 농축수산업이 직면할 도전 과제의 핵심 도구로 그 역할을 수행할 것이다.

## 참고문헌


강진구(2025.1.14). '북쪽으로 계속 이사할 수도 없고'…기후 변화에 일터 떠밀리는 농민들. ≪한국일보≫, https://www.hankookilbo.com/News/Read/A2025010914440001580?did=NA

강진규(2021.12.7). 중동 간 'K스마트팜'…UAE 사막 한가운데서 농사. ≪한국경제≫, https://www.hankyung.com/article/2021120719861

양철승(2019.7.28). 농진청, 기후 변화에 강한 고옥 극복형 '스마트 온실' 개발. 인더스트리뉴스, https://www.industrynews.co.kr/news/articleView.html?idxno=33608

이다연(2025.2.20). 폭우·가뭄·냉해… 산지 초토화… 식품 원자재값 해마다 치솟아. ≪국민일보≫, https://www.kmib.co.kr/article/view.asp?arcid=1740044224&code=11151100&cp=nv

이유지(2025.1.14). "감태 싹 죽어신디 소라가 살아지카"… 기후 변화에 바다 떠나는 해녀·어부들. ≪한국일보≫, https://www.hankookilbo.com/News/Read/A2025011213360002233

최순군 외(2023). 기후 변화 적응을 위한 첫걸음, 작물 재배 관리 의사결정 지원 시스템. ≪한국농공학회 전원과 자원≫, 65(2), 54-61.

최종수(2025.2.10). 사과는 왜 강원으로 갔을까. 이데일리, https://www.edaily.co.kr/News/Read?newsId=01410406642069208&mediaCodeNo=257&OutLnkChk=Y

현인아(2024.5.20). [기후환경 리포트] 일본 김이 어쩌다 이렇게? 한국 김값은 왜 폭등했나? https://imnews.imbc.com/replay/2024/nwtoday/article/6599760_36523.html

Yoshioka Takuma & Ogata Seigo(2024.9.10). 일본에 쌀이 부족한 이유. NHK World, https://www3.nhk.or.jp/nhkworld/ko/news/backstories/3553/

## 09
# AI와 식량 안보

'식량의 무기화'라는 말이 이제는 어색하지 않다. 주식이 되는 곡물들의 수출량이나 지구 반대편 나라의 날씨에 따라서도 우리 집 식탁이 달라지는 세상이다. 가만히 손 놓고 있을 것이 아니라 부지런히 종자를 개발하고 토양을 관리하여 생산 최적화가 되도록 만들어야 한다. 여기에서 AI는 필수적인 도구로 사용된다.

AI와 화장품?

## 안정된 먹거리는 안보를 위한 초석

우크라이나와 러시아 간의 전쟁이 시작되자 곧장 떠오르는 우려 중 하나는 밀가루나 해바라기유처럼 해당 지역이 주 생산지인 농산물의 공급이 어려워질 것이고, 그에 따라 가격이 인상될 것이라는 전망이었다. 이러한 우려는 그대로 현실이 되었다. 우크라이나와 러시아는 대표적인 곡물 수출국이므로, 이들 간의 전쟁 때문에 공급에 문제가 생기자마자 곧장 곡물 가격이 치솟아 2022년 3월 유엔식량농업기구의 식량 가격 지수가 사상 최고치를 기록하기도 했다.

우리나라에서 한참이나 떨어진 지역에서 일어나는 전쟁이 당장 우리 집 식탁에 영향을 미친다니, 이제는 먹거리 시장이 한 국가 안에만 국한된 것이 아니라는 점을 체감할 수 있다. 식량 공급을 지나치게 수입에 의존하면 언제든지 식량 위기가 발생할 수 있다는 것이 확인된 것이다. 원전 오염수 방출로 인해 수산 자원의 안전성에 대한 우려가 커지는 것 역시 마찬가지다. 수산물 생산을 어느 정도 의존하고 있는지, 수입 정책은 어떻게 시행되고 있는지 등 재고하게 된다.

이제 식량 안보는 국가의 안보를 지탱하는 핵심 요소이며, 안정된 먹거리 생산은 이를 위한 초석이 된다. 그러므로 농축수산업의 발전에 대한 투자는 물론 식량 안보 보장에 대한 노력은 미뤄져선 안 되는 영역이다. 이미 세계 각국은 식량 안보를 강화하기 위한 법 제정 · 개정을 적극적으로 추진하고 있다. 일본은 2024년 6월 식량 안보에 초점을 맞춘 「식량 · 농업 · 농촌 기본법」을 개정했다. 상시적 식량 안보 유지, 환경을 고려한 식량 시스템 확립, 첨단 기술을 활용한 생산성 제고, 합리적인 식량 비용 책정 등이 그 내용이다. 중국 역시 「식량 안보 보장법」을 제정해 경지를 보호하고 식량 생산 · 비축 · 유통 · 가공 등에 대한 조치를 법제화했다.

이에 따라 식량의 무기화 역시 중요한 화두로 떠오르고 있다. 세계 주요 곡물 생산국의 생산량과 수출 정책은 국제 무역과 외교에 직접적인 영향을 미치며, 특히 미국과 중국의 곡물 생산량 감소는 국제 시장의 곡물 가격을 크게 변동시킬 수도 있다. 미국 농업통계청이 발표하는 옥수수 생산량 예측 결과에 따라 우리나라의 무역 전략과 외교 정책이 중대한 변화를 겪기도 하고, 국내 식품 물가 역시 영향을 받게 된다. 이는 곧장 국내 소비자들에게 직접적인 물가 부담을 주게 되며, 이러한 상황이 지속될 경우 가계의 실질적인 구매력이 떨어져 결국 국가의 전반적인 경제 성장에도 악영향을 끼칠 수 있다.

특히나 식량의 수입 의존도가 높은 국가에서는 이러한 상황이 치명적이다. 우리나라는 세계 7위의 곡물 수입국이고, 식량 자급률은 2017년 52%에서 2021년 44%로 곤두박질쳤다. 열량 자급률을 놓고 보면 우리는 하루 세끼 중에 오직 한 끼만 우리 손으로 생산해서 먹고 있는 셈이다. 결국 기후 변화나 전쟁과 같은 상황으로 인해 국제적인 식량 수급 문제가 생긴다면 이는 그야말로 재앙으로 이어진다. 각국은 자국의 곡물 가격 안정을 위해 수출을 금지하게 될 것이고, 우리의 일상적인 먹거리들은 모조리 사라지게 될 수도 있다.

1996년 이탈리아 로마에서 개최되었던 세계식량정상회의에서는 '세계 식량 안보에 관한 로마 선언'을 발표했다. 이 선언문은 '모든 국가의 식량 안보를 실현하고 모든 국가에서 기아를 근절하기 위한 노력을 지속적으로 기울여야 한다'고 말하고 있다. 기아와 식량 안보 문제를 전 세계가 합심하여 해결해야 할 중요한 문제로 인식하고 있는 것이다. 나아가 각 나라가 식량 공급을 위해 지속 가능한 농업 발전을 이룰 수 있도록 노력해야 하며, 식량 안보 개선을 위한 무역 정책을 시행하도록 촉구하고 있다.

이러한 글로벌 합의는 우리나라처럼 식량의 수입 의

존도가 높은 국가에 더 큰 책임과 도전 과제를 부여한다. 우리는 식량 안보에 대한 위기의식을 가지고 관련된 법의 제정 · 개정에서부터 각종 첨단 기술을 이용한 생산 최적화, 유통 과정의 효율성 제고 등 만반의 준비를 해야 한다. 이제는 기후 변화와 세계적인 식량 위기 상황에 대비하기 위한 혁신적인 대응 전략을 적극적으로 모색해야 할 때다.

## AI를 활용한 대응

식량 보호주의와 자국 우선주의가 대두되는 상황에서 AI는 식량 안보를 강화하기 위한 핵심적인 역할로 떠오르고 있다. AI를 활용하여 생산성을 향상시켜 식량 자급률을 올리고, 식량 안정성을 확보하려는 노력이 전 세계적으로 진행되고 있는 것이다. 네덜란드 바헤닝언대학교 연구 팀은 AI를 활용해 토양 데이터를 분석하고 이에 가장 적합한 작물을 추천함으로써 기존 대비 수확량을 25% 증가시킨 사례를 보고했다. 이는 자국 내 식량 생산을 극대화하는 데 기여하며 수입 의존도를 줄이는 데 도움을 준다.

AI는 각종 육종법의 강화와 종자 확보에도 기여하고 있다. 국립농업과학원은 AI 기술을 활용하여 새로운 품종을 개발하고, 기후 변화에도 강한 종자를 확보하고자 노력하고 있다. 유전자원에 대한 빅데이터를 구축하고 최적의 교배 조합을 AI가 추천해 주는 방식이다. 이는 대외 의존도가 높은 곡물의 대체 생산 가능성을 높이고, 식량 안보를 강화하기 위해 중요하다. 이를테면 AI를 기반으로 하는 품종 개선 기술로 만들어진 적은 양의 수분만을 필요로 하는 작물들은 사막 지역에서도 생산이 가능해졌다. 이는 글로벌 식량 부족 문제를 완화하는 데도 기여하고 있다.

대규모 경작지를 보존하기 위한 방안과 대체 작물을 연구하는 데에도 AI 기술이 활용된다. AI는 위성 이미지를 분석하여 토양 침식과 황폐화를 실시간으로 모니터링한다. 그리고 이를 분석함으로써 경작지를 보호할 수 있는 방안을 제시해 준다. 이러한 기술은 식량 수입 의존도를 줄이고 국내 농업의 경쟁력을 높이기 위해 중요하다.

수산업에서도 생물 자원 확보와 관리를 위해 AI가 활용되고 있다. 일본 수산연구소는 AI 기반 생태 데이터를 활용해 어류의 생장 조건을 최적화하고 지속 가능한 어업 모델을 구축했다. 이를 통해 수산물 생산량을 안정적으로 유지하면서 동시에 환경에 미치는 영향을 최소화하고 있다. 또 노르웨이 수산연구소는 AI가 어획량을 실시간으로 분석하여 자원의 남획을 방지하고 지속 가능한 해양 생태계를 조성하는 데 기여하고 있다.

AI는 식량 안보 문제를 해결하기 위한 필수적인 도구로 자리 잡고 있다. 생산성 향상, 종자 확보, 생물 자원 관리, 경작지 보존 등 다양한 영역에서 AI는 지속 가능한 농축수산업 생태계를 조성할 수 있는 핵심적인 역할을 하고 있다. 이는 국가 경쟁력을 강화하는 동시에 국제적인 식량 문제를 해결하기 위해서도 중요하다.

### 참고문헌

국립농업과학원(2023.4.13). 농촌진흥청, 디지털육종 활성화 위해 기술 수준별 단계 제안.
https://www.naas.go.kr/03_info/Info_Read.do?menu_code=3&mmode=51&tg=5&ntceSnn=5796

김민아(2024.6.8). 세계식량가격 세달째 상승…전쟁, 작황 우려가 곡물가격 상승 이끌어. ≪조선일보≫,
https://www.chosun.com/economy/

박세준(2024.12.3). 세계 주요국들 식량안보 법제화 움직임, 우리나라도 준비 필요. ≪농수축산신문≫,
https://www.aflnews.co.kr/news/articleView.html?idxno=285322

양석훈(2025.2.27). 러·우 전쟁 3년…식량안보 교훈 되새길 때. ≪농민신문≫,
https://www.nongmin.com/article/20250226500700

이종훈·김희남(2006). 『세계를 바꾼 연설과 선언』. 서해문집.

조영규(2024.12.10). 기후 변화 속도 최대한 줄이고, 적응하며 함께 식량 생산 지속해야. ≪한국농어민신문≫, https://www.agrinet.co.kr/news/articleView.html?idxno=332949

최우정(2024.9.2). '기후 변화'라고 쓰고 '식량위기'로 읽는다. 대한민국정책브리핑, https://www.korea.kr/news/contributePolicyView.do?newsId=148933288

한국농촌경제연구원(2023). ≪세계농업≫, 제256호, 11월호.

Food and Agriculture Organization of the United Nations(FAO)(1996). Rome Declaration on World Food Security. https://www.fao.org/4/w3613e/w3613e00.htm

## 10

# AI와 우주 농업

기후 변화와 식량 안보 문제에 대응하기 위해서는 어떤 상황에서든 우리가 필요로 하는 작물들을 자급자족할 수 있어야 한다. 우주 농업은 막연히 먼 미래의 이야기가 아니라, 급작스레 날씨가 변하고 극한의 환경을 맞게 되더라도 인류의 생명을 유지할 수 있게 하는 연구의 초석이다. 이제 AI를 활용해 한 번도 겪어 보지 못했던 환경에서 살아남을 준비를 시작할 것이다.

종교와 AI?

## 우주 농업의 실현

중력이 없는 광활한 우주에서 식물이 뿌리를 내리고 열매를 수확하는 것을 상상해 본 적 있는가. 우주에서 생물을 키워 우리가 섭취하는 것은 어떤가. 아직 '우주'라는 키워드는 공상 과학 이야기처럼 멀고 낯설게 느껴질 수 있다. 하지만 우주 농업은 우주로의 탐사와 거주를 현실화하기 위해 이루어져야 할 필수적인 요건이다. 인구가 증가하고 자원이 고갈되어 지구의 자원만으로는 장기적인 생존을 보장할 수 없을 때가 올 수 있다. 그러므로 이제 우주 환경에서 작물을 재배하고 그 자원을 활용하여 인류의 지속적인 생존을 가능하게 만드는 우주 농업으로 관심을 기울여야 할 때다. 우주에서의 안정적인 식량 공급 체계를 구축하고 나서야 비로소 본격적인 우주 정착을 실행하고 인류의 활동 반경을 확장할 수 있을 것이다.

우주 농업을 실현하기 위해서는 극한의 우주 환경을 어떻게 극복할 수 있을 것인지에 대한 고민이 필수다. 우주 환경은 중력이 거의 없고 방사선이 강하며 온도 변화가 극심하다는 특징이 있다. 이러한 환경 속에서도 지구에서와 다름없이 작물을 재배할 수 있는 고도의 기술이 필요하다. 이렇게 우주 농업 연구를 선행함으로써 우리는 우주뿐 아니라 사막이나 극지방 같은 환경에서 필요한 기술을 확보할 수 있다. 막연한 미래를 위해 준비하는 과정이 아니라 현재의 극한 환경에서도 생명 활동을 지속할 수 있게 하는 것이다. 실제로 우주 환경을 염두에 두고 만든 여러 가지 기술들이 우리의 생활을 편리하게 만들어 주고 있다. 형상기억합금이나 흠집이 생기지 않는 렌즈와 같은 것이 그 예다. 따라서 물이 부족하고 건조한 사막 혹은 온도가 낮고 빛이 부족해 광합성이 어려운 극지방 같은 환경에서도 우주 농업의 기술을 활용함으로써 안정적인 식량 공급이 가능해질 수 있다. 결국 우주 농업은 기후 변화나 자연재해와 같은 불가항력의 상황에서도 인류 생명 활동의 지속성을 확보할 수 있게 하는 중요한 방안이 될 것이다.

이미 많은 나라에서 우주 농업에 대한 필요성을 인지하고 오랜 기간 연구를 진행하고 있다. 장기간 우주에서의 임무를 수행하기 위해서는 식량 문제를 해결하는 것이 필수적이기 때문이다. 우주 산업 강대국들은 1970년대부터 우주에서 작물 실험을 진행했고, 미국의 항공우주국(NASA), 일본의 우주항공연구개발기구(JAXA), 유럽우주국 등에서는 작물을 생산하기 위해 최적의 환경 조건을 조성해 주는 '작물 생육 챔버'를 개발하고자 활발하게 연구를 수행하고 있다.

1971년에 최초로 우주에서 작물 실험을 진행한 나라는 소련이었으며, 작물 생육 챔버의 이름은 '오아시스1'이다. 오아시스1은 상자 형태로 닫혀 있는 공간을 구성하고 형광등을 이용해 작물에 빛을 쬐어 주었으며 물과 작물에 필요한 양분을 공급하는 형태였다. 이 실험은 이후 오아시스 시리즈라는 이름으로 1971년부터 1986년까지 이루어졌다. 오아시스1은 부추, 양파, 배추, 아마 총 네 가지 작물로 진행되었고, 물 공급이 불안정하고 광원이 약하다는 평가가 있기는 했으나 최초로 우주에서 작물 실험을 진행했다는 의의가 크다.

가장 활발하게 연구를 진행하고 있는 미국 항공우주국에서는 2014년 '베지(Veggie)'라는 이름의 작물 생육 챔버를 개발했다. 베지는 작물 자체에 대한 실험보다는 우주 정거장에 거주하는 우주인들을 위한 식량 생산을 목적으로 설계된 것이다. 로메인상추, 양배추, 미즈나 등을 키웠으며 우주에서 키운 작물의 샘플을 다시 지구로 가져와 분석을 진행하기도 했다.

독일에서는 2015년 남극의 노이마이어 기지에 컨테이너형 온실을 설치했다. 이곳에서는 극한의 외부 환경에서도 작동하는 폐쇄형 작물 재배 시스템을 구축하여 오이, 상추, 토마토 등의 신선한 채소를 생산해 냈다. 특히 토양 없이 인공조명을 통해 과일과 채소를 생산함으로써 우주 온실의 가능성을 입증했다.

일본은 2014년 국제우주정거장에서 애기장대를 씨앗에서부터 발아해 키우는 실험을 진행했다. 다양한 조건에서 진행된 이 실험에서 애기장대는 총 62일 동안 성장하였으며, 수확 후 다시 씨앗을 거두어들이는 지점까지 한 주기가 진행되었다. 애기장대는 벼, 밀과 일치하는 유전자가 많고 좁은 공간에서 재배할 수 있으며 생육 기간이 짧다는 특징이 있다.

중국은 자체적인 우주정거장인 '톈궁'을 운영하고 있으며, 이곳에서 각종 농작물과 동물에 대한 실험을 적극적으로 진행하고 있다. 2022년 7월부터 벼 재배를 시작하였고, 우주에서 120일 동안 키워 수확한 벼를 다시 지구로 가져와 땅에 심어 재배하기도 했다. 또 2024년에는 인간과 유전자 정보가 약 70% 동일한 제브라피쉬를 43일 동안 양식하였고, 마찬가지로 인간과 유전자 정보가 유사한 초파리를 3세대까지 번식하는 실험에 성공하기도 했다.

각 나라에서 우주 농업에 매진하는 동안 우주 산업 후발 주자인 우리나라에서는 발사체나 우주 탐사에 초점을 맞춰 연구를 진행하고 있다. 하지만 우주 산업 내 우리나라의 비중을 끌어올리기 위해서는 우주 농업과 관련한 연구 역시 적극적으로 이루어져야 한다.

과거에는 생각지도 못했던 인터넷 기반의 세상에서, 우리는 편리함을 누리는 동시에 수천, 수만 가지가 넘는 비즈니스 모델이 생기는 것을 볼 수 있었다. 미래에 우주에서의 생활이 당연시된다면 우주 농업 역시 필수적인 기반 산업으로 자리 잡을 것이므로, 이에 대한 경쟁력을 선점하는 것이 매우 중요하다. 아직은 다른 나라에 비해 우주 산업에 대한 준비가 늦지만, AI를 기반으로 한 스마트팜 기술을 우주 농업에 적용한다면 빠르게 경쟁력을 확보할 수 있을 것이다.

## AI와 디지털 트윈 팜

우주 농업에 대한 연구를 진행하기 위해서는 AI와 디지털 트윈 기술이 필수다. '디지털 트윈'이란 현실 세계의 환경을 데이터화하여 컴퓨터 속 가상 세계에 똑같이 구현하는 시스템을 의미한다. 현실 세계에 있는 것을 쌍둥이(Twin)처럼 디지털 세계에 구현했다는 의미에서 디지털 '트윈'이라고 한다. 현실의 데이터를 기반으로 만들었기 때문에 가상 환경에서 시뮬레이션을 진행할 수 있으며 여기에서 얻은 정보를 바탕으로 최적의 환경을 다시 현실 세계에 적용할 수 있다. 쉽게 말해 현실 세계와 이를 복제한 가상 세계가 있고, 먼저 가상 세계에서 환경 조건을 바꿔 가며 여러 가지 상황을 실험한다. 여러 차례 시뮬레이션을 통해 최적의 생산 환경을 찾아내면, 이것을 다시 현실 세계에 적용함으로써 변화에 대한 안전성과 효율성을 확보하는 것이다. 새로운 기술을 곧바로 적용하기 어렵거나 환경 제어가 어려운 경우 이렇게 가상의 환경을 조성하여 실험하는 것이 효과적이다.

현실 세계의 농장을 피지컬 팜(Physical Farm), 가상 공간의 농장을 버츄얼 팜(Virtual Farm)이라 하고, 이 모두를 아울러 디지털 트윈 팜이라고 한다. 우주 농업의 경우 우주 농장의 환경을 쉽게 변화시키기 어렵고 예상치 못한 변수가 많다. 그러므로 가상 공간인 버츄얼 팜에서 환경 조건들을 제어해 본 다음 가장 최적의 값을 실제 우주 농장에 적용하는 것이다.

이 과정에서 피직스-AI(Physics-AI) 기술이 활용될 수 있다. 물리적인 공간이나 자연 현상을 수식으로 나타냈을 때, AI가 이 수식을 활용하여 실시간으로 변화하는 작물의 주변 환경을 시뮬레이션하는 기술이 바로 피직스-AI다. 디지털 트윈 팜에서 핵심적인 요소가 피지컬 팜과 버츄얼 팜 간의 '실시간 연동'이기 때문에, 실시간으로 수치를 분석하고 시뮬레이션해 주는 피직스-AI 기술이 중요하다.

기존의 시뮬레이션 기술로는 공기의 흐름과 같은 자연 현상을 실시간으로 분석할 수 없었다. 하지만 피직스-AI를 활용하면 작물과 연관된 자연 현상에 대해 실시간으로 예측하고 분석하는 것이 가능해진다. 이렇게 실시간 시뮬레이션 기술을 사용함으로써 미지의 우주 환경에서 작물에 제공되는 환경을 예측하고 조절할 수 있게 된다. AI는 실시간으로 온도, 습도, 조도 등의 환경 조건을 모니터링하고 시뮬레이션한 뒤 최적의 수치를 도출하여 이를 다시 재배 시스템에 반영한다. 환경 조건이 제한된 우주 공간에서 AI를 활용하여 정밀한 분석과 시뮬레이션을 통하여 재배 효율성을 극대화할 수 있다.

이렇게 현재의 실내 스마트팜 기술은 우주 농업에 적용할 수 있을 만큼 발전하고 있으며, 이 기술을 확장한다면 우주에서도 활용이 가능한 실내 농업 모델을 개발할 수 있다고 평가된다. 우주 농업은 단순히 식량 공급의 의미를 넘어, 우주 공간에서 인류 활동을 가능하게 하는 중요한 기술로 자리 잡을 것이다. 그중에서도 AI 기술과 디지털 트윈 팜은 우주 농업 실현을 위한 핵심적인 도구가 될 것이다. 우주 농업에 대한 심층적인 연구와 기술 개발을 통해 우주뿐만 아니라 지구에서의 다양한 식량 문제를 해결할 수 있을 것이라고 기대한다.

## 참고문헌

김세한(2021). 디지털 데이터 중심의 AI기반 환경인지 생산기술 개발 방향. ≪전자통신동향분석≫, 36(1), 54-63.

노동희(2022). 스마트팜 분야에 적용 가능한 디지털 트윈 기술 개발 사례. ≪한국EA학회 학술발표논문집≫, 107-112.

이상연 외(2024). Physics-Informed Neural Networks 연구 동향 및 농업 분야 발전 방향. ≪전자통신동향분석≫, 39(4), 42-53.

이선영(2022.8.31). [이 시각 세계] 중국, 우주정거장에서 키운 벼 공개, MBC 뉴스, https://imnews.imbc.com/replay/2022/nwtoday/article/6403200_35752.html

이필희(2025.2.10). 제브라피쉬가 우주로 간 까닭은?…치열한 우주 개발 경쟁, MBC 뉴스, https://imnews.imbc.com/replay/2025/nwdesk/article/6685276_36799.html

장준영·박구만(2023). 디지털 트윈 기술을 이용한 스마트팜 프레임워크 시각화 기술 개발에 관한 연구. ≪방송공학회논문지≫, 28(6), 811-820.

Zabel, P., et al.(2016). Review and analysis of over 40 years of space plant growth systems. *Life sciences in space research*, 10, 1-16.

**이상연**

한국전자통신연구원 농축해양수산지능연구센터의 선임연구원이다. 서울대학교에서 지역시스템공학전공으로 학사·석사·박사 학위를 받았으며 농업 ICT와 농업시설환경공학을 연구했다. 축사의 운영·관리를 위한 교육용 VR 개발, AI를 활용한 농업 시설 내부의 환경 및 에너지 모델 개발, 농업 시설 내 최적의 센서 위치 선정, AI 기반 결측치 보간 방법 등을 연구해 50편 이상의 논문을 KCI 등재지, SCIE 등의 학술지에 게재했다. 현재는 농축수산업의 디지털 트윈 기술 개발과 우주 농업 연구에 매진하고 있다. 국내 한국정보통신기술협회와 UN 산하의 ITU-T에서 농축수산 분야 ICT 기술의 표준화를 위해 표준위원으로 활동하고 있다.